VISIÓN POLÍTICA
DE LOS 69 MIL DÍAS
REPUBLICANOS

VISIÓN POLÍTICA DE LOS 69 MIL DÍAS REPUBLICANOS

LUIS NARVÁEZ RICAURTE
LUIS NARVÁEZ RIVADENEIRA

Número de Control de la Biblioteca del Congreso de EE. UU.:   2019918428
ISBN: Tapa Dura   978-1-5065-3079-6
            Tapa Blanda   978-1-5065-3080-2
            Libro Electrónico   978-1-5065-3081-9

Información de la imprenta disponible en la última página.

Fecha de revisión: 08/01/2020

Para realizar pedidos de este libro, contacte con:
Palibrio
1663 Liberty Drive
Suite 200
Bloomington, IN 47403
Gratis desde EE. UU. al 877.407.5847
Gratis desde México al 01.800.288.2243
Gratis desde España al 900.866.949
Desde otro país al +1.812.671.9757
Fax: 01.812.355.1576
ventas@palibrio.com
805275

ÍNDICE

UN PREFACIO NECESARIO

Ecuador con más de ciento ochenta y siete años de vida republicana, y ciento veinte y ocho gobiernos, ha enfrentado en su cotidianidad procesos permanentes de desgaste político; desgaste que en momentos específicos —y en algunos casos de manera consuetudinaria- provocaron el cambio de los actores políticos encargados de gobernar la nación.

Estos vaivenes políticos —en promedio representa que hubo un Gobierno cada año, tres meses y 16 días y que en lo referente a la Carta Magna, ha enfrentado el hecho de que cada Constitución ha tenido una vigencia promedio de 9 años, 8 meses y 3 días-, han sido lo único constante en los procesos o intencionalidades de implementar políticas públicas, con las cuales se han pretendido construir en unos casos, y redefinir, en otros, la institucionalización del Estado; intentos, todos, que desde diferentes ubicaciones en lo filosófico e ideológico, han tratado de ser la columna vertebral del desarrollo nacional.

Entender este escabroso andar en la construcción de la democracia en nuestro país —que representa hasta la fecha la existencia de 20 Cartas Políticas, arrimada a ellas la nonata del año 38 del siglo pasado-, requiere conocer su historia —en tanto datos, como hechos- para luego ingresar en el espacio de la interpretación, con miras a romper aquella sentencia por la cual "quien olvida su historia, está condenado a repetirla".

Con esta premisa en mente, la obra presenta información de manera esquemática, sistemática y ordenada; obtenida de diversas fuentes —oficiales públicas y privadas y académicas- que fue cotejada y verificada, apegadas a una estricta metodología, con lo que se garantiza su contenido, y permite al lector, desde la historiografía, hacer las lecturas que, en función de su propia percepción —ideológica, filosófica e incluso religiosa- haga de los hechos.

Finalmente, esta obra aspira ser un documento de consulta que permita a quien acude a él, encontrar datos y hechos apegados a la realidad histórica del país, para que sea su propia capacidad interpretativa la que dé el valor agregado al pensamiento que se construya sobre estos 69 mil días de historia republicana.

★ ★ ★

Capítulo I

LA REPÚBLICA DEL ECUADOR EN EL CONTEXTO POLÍTICO POST-INDEPENDENTISTA

Las luchas por la independencia, que podrían contextualizarse como una guerra civil por la autonomía respecto de la metrópoli, tienen su punto de inflexión, en términos generales y realizando un ejercicio de media aritmética, en 1825, y a partir de ahí el surgimiento de Estados como sujetos de Derecho Internacional en sus diversas modalidades.

Ecuador, no es la excepción. Esta Nación irrumpe a la vida republicana con la adopción del primer contrato social (Septiembre, 1830) que, en su esencia, replicaba las taras socio-económicas construidas y consolidadas durante el período colonial. *El cuadro socio-político [...] reflejaba un agudo fenómeno de dispersión del poder* [que] *afianzó el control local y regional de los grupos de 'señores de la tierra' –terratenientes- presentes en la Sierra y la Costa, que crecían en rivalidad, dada la notoria divergencia de sus intereses.* (Ojeda Segovia, 2000, pág. 3)

La norma, como espejo, simplemente reflejaba la estructura estamental de la ¿nova? sociedad, definida por esos mismos actores que fueron parte y lucraron de la estructura colonial pre-existente. En definitiva, lo que alumbró el proceso fue una forma socio-económica y político-cultural neocolonial. (Araya Pochet, 2005)

Se puede evidenciar este reencauche de las viejas estructuras al analizar no sólo el texto de la Constitución adoptada en Riobamba (1830) –que para todos los efectos es el acta de nacimiento de nuestra República- sino al leer los nombres de aquellos insignes ciudadanos que, desde la estructura de poder político y económico, fueron quienes impulsaron no sólo la "independencia" sino la continuidad institucional que dio forma al Estado ecuatoriano. (Valdano, 2007)

Artífice de este escenario y su compleja estructuración, con el cual iniciamos la vida republicana, es el General Juan José Flores Aramburu (1800-1864), militar y político criollo que ocupó la primera Presidencia de la República de 1830 a 1834, para luego repetir la Primera Magistratura en dos ocasiones más, en 1839 a 1843 y en 1843 a 1845. (Vásconez Hurtado, 1981)

El General Flores Aramburu en la búsqueda de legitimar sus acciones políticas por un lado, y la independencia del país por otro, convocó a un Congreso Constituyente en Riobamba, que inició sus funciones el 14 de agosto de 1830, con la presencia de 21 diputados (7 por cada departamento: Quito, Guayaquil y Cuenca); cuerpo colegiado constituyente que nos entregó aprobada, el 11 de septiembre de 1830, la primera Constitución del Estado del Ecuador.

En este lapso —menos de un mes- se normaron constitucionalmente algunos aspectos de importancia, entre ellos el escogimiento de la capital de la República, que recayó en Quito; la unidad territorial —Azuay, Guayas y Quito como un solo cuerpo (Art.2); el espíritu confederal (Art.3); etc., procediéndose a la elección[1], sin mayor dilación, de Juan José Flores Aramburu en un solo escrutinio con 19 votos a favor y uno en contra como Presidente de la República. Anecdóticamente, se registraron 18 escrutinios para lograr elegir a José Joaquín de Olmedo y Maruri como Vicepresidente.

En este punto, vale señalar que la primera elección presidencial, puso como contendores al portocabellano Flores Aramburu y al quiteño Manuel Matheu, Marqués

---

[1]   Juan José Flores al percatarse de la rivalidad regional existente entre la Sierra y la Costa y las condiciones impuestas por los grupos dominantes de Cuenca y Guayaquil, elaboró el Reglamento de Elecciones, que fue aprobado por la Primera Asamblea Constituyente de Riobamba, en el cual se estableció una representación equitativa para los departamentos de Quito, Guayaquil y Cuenca (Ojeda Segovia, 2000), lo que provocó un equilibrio del poder y facilitó su asunción a la Presidencia.

de Maenza. También constituyó, deplorablemente, el primer hecho que evidenciaría la pugna que por el poder se desarrollaría entre los notables de Quito y Guayaquil, poniendo como impronta en las relaciones políticas y económicas al regionalismo (Ojeda Segovia, 2000); actitud y comportamiento que guiaría, y deplorablemente sigue guiando, el quehacer político nacional hasta nuestros días.[2]

En lo normativo, esta Constitución abría la posibilidad para que el Ecuador pueda formar parte de Colombia -un claro espíritu confederal que respondía más a una estrategia y necesidad de consolidación de la independencia, que a un espíritu integracionista-; realidad jurídica que a posteriori se diluye en los hechos demarcatorios territoriales cuando, en su calidad de Presidente, Juan José Flores Aramburu acredita a Diego Noboa con el carácter de Ministro Plenipotenciario en Lima, cuya misión -tras el establecimiento de relaciones diplomáticas con el Perú- era la de propender a la suscripción de un Tratado de Amistad y Alianza y otro de Comercio, los cuales se los firmó el 12 de julio de 1832; impulsando, además la celebración de un tratado de paz y límites con

---

2   […] *Aunque no reveló el nombre de quién será su binomio presidencial para las elecciones de febrero de 2017, este martes, el líder de CREO, Guillermo Lasso, adelantó que este será quiteño* […]. (Ecuadorinmediato, 2016)

Nueva Granada[3], en la ciudad de Pasto el 8 de diciembre de 1832.

En esa misma lógica de determinación del espacio territorial, la administración Flores A., autoriza al Prefecto del Guayas, Vicente Ramón Roca, el 14 de noviembre de 1831, tomar posesión oficial del Archipiélago de Galápagos.

La Constitución también esbozó el tipo de Estado que nacía, dejando en claro la naturaleza republicana y presidencialista del mismo; el mecanismo alternativo para el manejo del poder y la forma de gobierno democrático que debía regir; el principio de elección independiente e indirecta mediante asambleas provinciales, cantonales y parroquiales –todas estas premisas, hijuelas de las corrientes del pensamiento liberal y humanista imperante a la época–, que enfrentaban una contradicción dialéctica al advertirse que para ejercer esos derechos, la exclusión se volvía la regla; por ejemplo, sólo podían votar los varones alfabetos casados de cualquier edad o solteros de 22 años en adelante, que, además, poseyeran bienes raíces valorados en no menos de 300

---

[3]   Este acuerdo se conoce como el Tratado de Pasto, que fijó el río Carchi como límite fronterizo entre ambos Estados, dejando pendiente la decisión sobre los puertos de la Tola y Tumaco, en la provincia de Buenaventura.

pesos o una profesión no servil[4], lo que excluía a un altísimo porcentaje de los ciudadanos de esta nueva República.

A esto se suma que aquellos ecuatorianos que decidieran postularse a cargos de representación popular, debían acreditar un dominio todavía mayor de bienes, como el de tener propiedades tasadas por sobre 30 mil pesos, si se optaba por la Presidencia de la República. Asimismo, la masa trabajadora estaba básicamente excluida de derechos, al igual que los indios, a quienes la Constitución ponía bajo la tutela de los curas párrocos; y cerrando el círculo estamental, estaban los esclavos negros, cuya trata se prohibía, salvo para el trabajo en las haciendas y minas de los notables (Fernández-Rasines, 2001).

Esta carta fundacional, evidentemente replicaba el modo de producción feudal cuya impronta social se definía en la estructura estamental heredada de la colonia, aunque formalmente parecía buscar un corte epistemológico con el pasado. Sin embargo, al mirar quiénes participaron en los procesos, se puede colegir, sin lugar a equívoco –y sin menospreciar las intenciones que pudieron motivar sus acciones- que entre criollos, chapetones y mestizos con dinero, la independencia fue una rebelión, donde se produjo un cambio en la gerencia, no en la estructura de

---

[4]   Se entiende como tales a las actividades de abogacía, medicina y sacerdocio

la empresa, en definitiva fue el *último día de despotismo, y primero de lo mismo* (Reyes, 1950, pág. 27)

Más allá de estas consideraciones relacionadas con el origen del proceso independentista y la fundación de esta nueva unidad diferenciada, que, como se menciona, tenía un fundamento filosófico e ideológico profundo que valida lo hecho: el Estado ecuatoriano nace y comienza un recorrido que registra evolución e involución a lo largo de su historia.

En ese ejercicio de construcción del Estado, Juan José Flores Aramburu es definitivamente un actor protagónico al cumplir con los elementos constitutivos del Estado: territorio; soberanía; poder político e institucionalidad; y población.

Capítulo II
INSTITUCIONALIZANDO LA REPÚBLICA

Como se deja advertido en el capítulo anterior, el primer período floreano definió, de alguna manera, el espacio geográfico de la República (Salvador Lara, 1980); determinó quiénes, en términos ciudadanos, serían ecuatorianos; incursionó en un proceso de reconocimiento internacional para legitimar el nacimiento del Estado ecuatoriano como unidad diferenciada[5]; y articuló el manejo del Estado a través de una institucionalidad que, sin diferenciarse esencialmente de la mecánica colonial, constituía la nueva administración del neonato Ecuador.

En lo político, como queda dicho, la lógica de confrontación regional no sólo que nace con el alumbramiento de la República, sino que fue consolidándose y marcó una tendencia por la cual la mayoría de los Jefes de Estado ecuatorianos han provenido del litoral. (García Jordán, 2006)

---

[5] Término que dibuja al sujeto primario del Derecho Internacional sin darle el calificativo de Estado; utilizado diplomáticamente por el Embajador Luis Narváez Rivadeneira en su ensayo sobre *"Diplomacia y las Negociaciones Internacionales"* publicado en la Revista AFESE N°30 (Narváez Rivadeneira, 1999)

En esta lógica, el guayaquileño Vicente Rocafuerte y Rodríguez de Bejarano[6] (1783-1847), hijo de dos distinguidas familias terratenientes de Guayaquil, le sucede en la Jefatura del Estado a Juan José Flores A., ocupando la Presidencia de la República a partir del sábado 8 de agosto de 1835 al jueves 31 de enero de 1839, para posteriormente desempeñar el cargo de Gobernador de la Provincia de Guayaquil desde el año 1839 al año 1843 (Cordero Aroca, 2004). Su activismo político lo llevó a participar, en 1845, en las conspiraciones contra Flores, especialmente, en la Revolución Marcista.[7]

Rocafuerte ingresa a temprana edad a la arena política, sin embargo son sus años en Europa (1814-1817) y su estadía en Estados Unidos (1819-1833) los que definieron su pensamiento político —básicamente influenciado por la

---

[6] Hombre que en el ejercicio del poder mostró ser un líder enérgico con rasgos autoritarios; características advertibles en sus alocuciones como [...] *a mí no me arredra el título de tirano; lo que me horroriza es la cruel idea de que, por falta de valor y firmeza en el gobierno, diez o doce anarquistas trastornen el orden o interrumpan el curso pacífico de nuestra prosperidad.* [O como sentenció en otra ocasión] *En este país de insensatos hay que gobernar a latigazos...* (Heller, 2006, pág. 50)

[7] La Revolución Marcista o Revolución de Marzo o Revolución de 1845 (del 6 de marzo al 17 de junio de 1845) fue un movimiento armado revolucionario que enfrentó al Presidente Juan José Flores. Esta revolución es el primer movimiento armado que se dio en el país desde su creación en 1830, se originó en la ciudad de Guayaquil y finalizó en la hacienda "La Virginia" en los alrededores de Babahoyo (Rodas Chaves, 2004)

filosofía francesa de la época, así como de la visión ideológica y programática liberal estadounidense, de democracia, de educación y de tolerancia religiosa (Echeverría & Montúfar, 2008), pese a que en este último tema, tanto él como Flores *proclaman la 'religión católica, apostólica y romana' como la oficial del Estado* [...sin embargo Rocafuerte...] *apoyó la introducción del protestantismo* [...] (Suárez Fernández & Hernández, 1989, pág. 261)-.

Asumida en agosto del 35 la Jefatura del Estado, Vicente Rocafuerte impulsa la adopción de la segunda Carta Magna, para lo cual convoca a una Convención Nacional que el 13 de agosto de 1835 entrega la nueva Constitución; norma suprema redactada bajo *las sólidas bases de libertad, igualdad, independencia y justicia* (Convención Nacional, 1835, pág. 1), lo que claramente evidencia un corte filosófico respecto de la primera Constitución, al incluir y ampliar desde esta visión liberal, elementos relacionados con la soberanía −residiéndola en la nación, Art.2−; al precisar el espacio geográfico territorial, que incluye el Archipiélago de Galápagos, Art. 3−; la población y la ciudadanía −contextualizándolas, Art.4 y Art.5−, y la administración del Estado −reformulándola, Art.16, Título 5º al Art.89 Título 10º- (Convención Nacional, 1835, págs. 2-18).

Para alcanzar esta nueva estructura normativa, el Presidente Rocafuerte contó con la participación directa de José Joaquín Olmedo –otrora Vicepresidente en la Administración Flores–, quien actuó como Presidente de la Convención, representando a Guayaquil, Pedro José Arteta como Vicepresidente de este cuerpo colegiado, por Quito.

Para deducir el salto cualitativo que implicó la gestión de Rocafuerte en la construcción de la República del Ecuador, es importante realizar una disección en la composición institucional del Estado, para entender el funcionamiento organizativo y la normatividad jurídica y marco regulatorio.

En ese sentido, hay que mencionar que la división político-administrativa floreana desaparece con la Administración Rocafuerte, es decir dejan de existir los 'departamentos', y de esa manera *La organización territorial y la división político-administrativa estableció los niveles que* [hasta] *hoy se conocen: provincias, cantones y parroquias* [...; en lo legal, el] *régimen y administración de lo Interior quedó supeditado a una 'ley especial', la Ley de Régimen Político.* [Esta segunda Carta Magna adopta...,] *siguiendo el ejemplo ibérico, el modelo parlamentario clásico para la administración de las localidades: consejos provinciales, concejos municipales y juntas parroquiales, y sus respectivos ejecutivos: prefectos, alcaldes y presidentes de junta.* (Barrera G., Gallegos, & Rodríguez J., 1999, págs. 179-180).

Rocafuerte se constituye entonces en *el 're-creador' del Estado, demostrando que la república era gobernable y la patria edificable. Recibió un país dividido y entregó un Estado en orden y progreso [...siendo...] el primer presidente que trascendiendo los intereses regionalistas y sus propios intereses de terratenientes [...y...] pensó en lo público como categoría de servicio* (Espinosa, 2003, pág.12)

En el ejercicio del poder, Rocafuerte reorganizó la administración pública bajo las premisas del pensamiento liberal[8], como rebajar los derechos portuarios y de anclaje –para facilitar el intercambio comercio-, abolir el tributo de indias y suprimir las doctrinas parroquiales –estas dos últimas instituciones cuyo trasfondo, so pretexto de pagos impositivos y catequizar, perpetuaban la servidumbre indígena y la obediencia ciega al clérigo y a los hacendados-.

Huelga en este punto recordar que el proceso de estructuración del Estado emprendido por Rocafuerte, de corte liberal, se topó con reacciones opuestas al emitir tres decretos que: a) reducían los derechos de importación y exportación; b) regulaban y controlaban el crédito interno; y, c) amortizaba la deuda pública interna. Esta política

---

[8]   Rocafuerte sostenía que [...] *el mejor gobierno es el menor gobierno,* [... ubicándolo por tanto en un andarivel...] *anti-proteccionista en materia de importaciones, pues creía que la competencia con productos del extranjero mejoraría la producción y redundaría en beneficio del pueblo* (Espinosa, 2003, pág.13).

de Estado tuvo oposición en los sectores acreedores de dicha deuda, mismos que se beneficiaban del contrabando, como efecto de las abultadas tasas que se cobraban por el intercambio comercial, en especial por parte de los comerciantes de cacao, que eran los prestamistas primarios del Estado (Acosta, 2001).

Estos grupos lograron consolidar su posición y buscar un interlocutor político en Juan José Flores, a la época Presidente del Senado, logrando que los decretos fueran calificados de inconstitucionales y que el Ministro de Hacienda, Francisco Eugenio Tamariz y el Ministro de Guerra, Antonio Morales, fueran descalificados en el Primer Juicio Político emprendido en la República del Ecuador (Vega Ugalde, 1991).

Sin embargo este sacrificio permitió al Jefe del Estado continuar con reformas estructurales, como la promulgación de la primera Ley de Hacienda, con miras a mejorar las recaudaciones, organizar la contabilidad e inspección de cuentas; se la inscribió y reguló la deuda interna amortizándola (Vega Ugalde, 1991). *El Congreso reconoció oficialmente la deuda grancolombiana*[9] *y aceptó pagar la porción*

---

[9] Juan José Flores desestimó la concurrencia del Ecuador al arreglo de la deuda de la República de Colombia –deuda contraída desde 1816 para la guerra independentista–, y se abstuvo de enviar representante alguno para objetar o exponer sus puntos de vista. En diciembre de 1834 los plenipotenciarios de Nueva Granada y Venezuela procedieron

de ella señalada por Colombia y Venezuela [... y que fue determinada inicialmente...] *durante la primera presidencia de Juan José Flores* (Espinosa, 2003, pág. 14).

La reforma introdujo orden en el aparato burocrático del Estado, así como inculcó en términos de cultura administrativa y de gestión la puntualidad y la eficiencia; realizó mejoras en la infraestructura vial en general y, en particular, la que unía la Sierra con la Amazonía impulsando el proceso de colonización de dicha región (Revista CNVR, 1941); promovió la navegación fluvial[10]; y, la producción agrícola[11] en general y la agro-colonización de la provincia de Esmeraldas, en particular.

En esta lógica estructuralista, *Rocafuerte también fue consciente de que, además de las 'luces', eran necesarias 'virtudes' y verdaderos principios de honor y de moral, capaces de controlar o encauzar los intereses individuales en aras del bienestar nacional* (Paladines, 1991, pág. 91) y en ese sentido, aborda con tenacidad el campo de la educación, para lo cual instala la primera imprenta para la producción de textos escolares para la difusión del pensamiento y la educación; la seculariza; la

---

al reparto de la deuda: al Ecuador le asignaron el 21,50% de la deuda total (Reyes, 1950)

[10] Abrió la Escuela Náutica en Guayaquil cuyo primer rector fue Juan Illingworth.

[11] Abrió el Colegio Agrario San Felipe en Riobamba

universaliza a nivel primario; introduce políticas de inclusión de género[12] en la educación media; orienta el quehacer de las Universidades para que produzcan profesionales de la salud –fundando la cátedra de Medicina en el hospital de Cuenca y el Anfiteatro de Anatomía en Quito- y el desarrollo productivo[13].

Estas acciones fueron complementadas con una política cultural con miras y como medio para influir en la estructura social ostracista de la época, creando la sociedad Filantrópica Literaria de Quito; la primera orquesta de música clásica; catalogando las obras de arte para formar un museo nacional; y, en un acto de conmemoración, restaurando las pirámides que recordaban la presencia de los geodésicos franceses, del siglo XVIII, en la Real Audiencia de Quito- (Espinosa, 2003).

En lo práctico-institucional, fortalece a la Policía y la Guardia Nacional; crea el Cuerpo de Bomberos; da los primeros pasos de profesionalización de las Fuerzas Armadas mediante la creación de un Colegio Militar en

---

[12] Creó el Colegio para señoritas "Santa María del Socorro" en El Beaterio en Quito, que le fue encargado a un educador de origen chileno especializado en educación de la mujer.

[13] Para la época consideradas las profesiones médicas generales, obstetricia e ingenieros.

Quito[14]; todo esto bajo un entendido: estaba construyendo el Estado en *un país sin una fuerte identidad nacional, dividido por los antagonismos de la clase dirigente y hecho a la anarquía del militarismo extranjero* (Espinosa, 2003, pág. 14).

★ ★ ★

---

[14] El interés político estribaba en reducir al máximo el accionar de militares pandilleros que funcionaban de manera inorgánica y desordenada, y cuyas lealtades no estaban definidas a favor del Estado necesariamente.

Capítulo III
A FUEGO Y SABLE:
CONSTRUYENDO UNA NACIÓN

Una vez que Vicente Rocafuerte concluyó su período presidencial el 31 de enero de 1839, la República del Ecuador entró a una etapa —dos décadas- de un proceso de desarticulación que respondía a la apetencia de los actores políticos más 'ilustres' de nuestra recién nacida república.

En este lapso hubo una relativa continuidad administrativa del Estado. Le sucede en el poder nuevamente Juan José Flores Aramburu, quien ocupa el Palacio Nacional desde el 1º de febrero de 1839 al 15 de enero de 1843, tras haber ganado en un solo escrutinio con 29 votos de 38, apalancando su nominación en promesas de continuidad de las políticas implementadas por Rocafuerte —gestión que Flores cumplió, según reconoce Benigno Malo-[15].

---

[15] Fue diputado por la Provincia de Loja en la Convención Nacional de 1834. Gobernador de la Provincia de Azuay entre 1863 y 1864 y dos veces ministro del Interior y Relaciones Exteriores. También fue profesor y primer rector de la Universidad de Cuenca entre 1867 y 1868 (Lloré Mosquera, Ene. 1951). Sobre el segundo período de Juan José

Sin embargo, la lucha por el poder por parte de la oposición y de consolidación del mismo por adláteres y el propio J.J. Flores A., dejó entrever las fisuras existentes en este proyecto llamado Ecuador, que supuró con la convocatoria del Presidente Flores a una Convención el 15 de enero de 1843, y la expedición de una Ley de Elecciones que constituyó un golpe de Estado a su favor (Espinosa, 2003), dando lugar al tercer período floreano.

Durante su discurso de posesión, el miércoles 15 de enero de 1843, Juan José Flores delinea, con miras a buscar legitimidad y consensos, los parámetros de su nueva gestión, proponiendo *una reforma saludable, racional, ilustrada y conservadora de los principios liberales proclamados* (Espinosa, 2003).

La reforma, que respondía a sus apetencias de poder, se redujo a una propuesta con miras a alargar la permanencia en la Silla Presidencial –por 8 años y la reelección pasando un período–. En el plano legislativo, la reforma señalaba que el Congreso sólo se reuniría una vez al año, y en su reemplazo el Presidente crearía Comisiones Permanentes de cinco senadores; senadores que durarían, en sus puestos, 12 años y los diputados 8 (El Expreso, 2013). Esta tercera

---

Flores A., señala [que] *esa pequeña época fue la más bella página cívica de Flores como hombre de gobierno.* (Espinosa, 2003, pág....)

Constitución (1843), en virtud de las reformas introducidas, recibió el mote de 'Carta de la Esclavitud'[16].

Los abusos de poder[17] y la corrupción que se desarrollaba desde la Administración Flores, y las luchas regionalistas de los 'ilustres' que no lograba establecer un equilibrio de poder, dio paso al agotamiento de la gestión del Presidente[18] en ejercicio, y el 6 de marzo de 1845 se *produjo un "golpe de estado"*[19]. [Hecho que provocó la proclama de...] *la nueva administración presidencial en manos de un gobierno provisional constituido por José Joaquín de Olmedo, Vicente Ramón Roca y Diego Noboa. Este hecho político fue el corolario a una administración* [...que como se menciona supra fue...] *despótica y vertical que Flores había iniciado seis años atrás* (Rodas Chaves, 2004, pág. 19).

---

[16] Efectivamente, honrando los parámetros filosóficos delineados en su primera intervención, al iniciar su tercer período, el Presidencial, J.J. Flores A., incluye en la Constitución de 1843 –que establece prácticamente una dictadura constitucional- principios como la libertad de culto en lo privado y bloquea la posibilidad de activismo político por parte del clero; todo esto de profundo corte liberal.

[17] Hecho que permitió la aparición de nuevos actores en la arena política en términos contestatarios y catapultarlos a nivel nacional como principales accionistas de la Revolución de Marzo, como fue el propio Gabriel García Moreno.

[18] Huelga mencionar que *desde 1830 hasta 1845 el general Flores había mantenido la unidad nacional gracias a su mediación entre los intereses económicos contrapuestos de la Costa y la Sierra* (Espinosa, 2003, pág. 18).

[19] Se conoce en los anales históricos como La Revolución Marcista.

La conjura de marzo fue impulsada por importantes sectores de la oligarquía porteña, que venían conspirando de manera permanente desde la segunda presidencia de Flores, y que deplorablemente, estaba motivada, esencialmente, por un sentimiento regionalista in-extremis que, incluso, resultó en el cambió del emblema nacional, por la bandera del 9 de octubre de 1820 (Rodas Chaves, 2004).

Huelga mencionar que la asonada de marzo, a pesar de los altos niveles de violencia, concluye con la dimisión de Flores luego de una serie de acuerdos alcanzados con los golpistas; negociación que se llevó a cabo en la hacienda "La Virginia" de José Joaquín de Olmedo —recordemos que fue durante el primer período de Flores, su Vicepresidente-, que incluían entregar recursos a Flores para que subsistiera en Europa y el compromiso de no perseguir a sus tropas y aliados —arreglos que finalmente se incumplieron por parte de los revolucionarios marcistas- (Rodas Chaves, 2004).

En este escenario, reunidos en la ciudad de Cuenca, los Asambleístas Constitucionales promulgan la cuarta Constitución (1845), que tiene dos aristas de trasfondo ideológico: a) la devolución al clero de la posibilidad de acceder a la legislatura, es decir retorno y participación efectiva en la política por parte de la Iglesia; y, b) el restar atribuciones al poder ejecutivo (Rodas Chaves, 2004).

Es con base a esta nueva Carta Política que asume el poder Vicente Ramón Roca, destacado líder de la denominada Revolución Marcista, tras 76 escrutinios válidos con 27 votos a favor[20], abriendo las puertas a un período nacionalista, que puede sintetizarse en la expresión *Ecuador para los ecuatorianos* (Espinosa, 2003, pág. 20), que va a encontrar su punto de inflexión a finales de 1850 e inicios de 1860.

Un actor de importancia en este período de transformaciones es el general José María Mariano Segundo de Urvina y Viteri[21], quien al igual que el general Flores en el período 1830-1845, se transforma en el gran mediador de los intereses antagónicos y competitivos de la Sierra y la Costa entre los años 1845 y 1860, logrando un esquema de equilibrio de poder/intereses.

---

[20] En la elección de 1845 el Congreso eligió a Roca sobre Olmedo. Al respecto, y con miras a evidenciar la división interna entre los marcistas, conviene revisar las expresiones de dos diputados Don José María Vallejo y Don Vicente Rocafuerte. Vallejo: *Convencido de que no podría ser electo el candidato por quien he sufragado más de 80 veces... y que ningún efecto saludable producirá una resistencia indefinida, voto para presidente por el señor Vicente Ramón Roca*; Rocafuerte, que había votado invariablemente por Olmedo, señaló: *Se ha preferido la vara del mercader a la musa de Junín* (Espinosa, 2003, pág. 20).

[21] Nace en Píllaro, Tungurahua, el 19 de marzo de 1804 y fallece en Guayaquil el 4 de septiembre de 1891. Según información histórica el registro de bautismo señala Urvina con "V", sin embargo en varios documentos futuros, incluyendo el acta de promulgación de la Constitución impulsada por él, suscribe Urbina con "B".

Este ejercicio de equilibrio de poder/intereses dentro del período marcista significó un paso en la consolidación de la democracia como forma de gobierno, un grado de independencia del 'militarismo extranjero', una mayor atención a los grupos discriminados —negros e indios— y un ejercicio básico de independizar el poder de los terratenientes y comerciantes, intento que, como hemos mencionado supra, no lograría finalmente evitar la crisis estructural de alcance nacional del 59 y 60 del silgo XIX.

En este proceso de sucesión del poder —democrática y con visos de democracia- aparece en la arena política el coronel Manuel de Ascásubi y Matheu[22], que ocupa la presidencia del 16 de octubre de 1849 al 7 de diciembre de 1850, tras un proceso de interpretación constitucional poco ortodoxa hecha por el Congreso de la época, tras ocho días de deliberaciones, que lo ascendió de Vicepresidente de la Administración de Roca a Presidente de la República.

La Administración Ascásubi realizó gestiones tendientes a consolidar procesos de cambio importantes; en la educación, la apertura de escuelas en los cuarteles y escuelas dominicales para el pueblo, mejoramiento de la enseñanza

---

[22] Hombre de pensamiento liberal, que formaba parte de la sociedad de "El Quiteño Libre"; luchó contra Flores en Pesillo y Miñarica; Senador en 1846-1847; Vicepresidente de la República en la Administración de Vicente Ramón Roca; y, cuñado de Gabriel García Moreno (Clark & Becker, 2007)

en medicina y creación de la escuela de Obstetricia en Cuenca y la reapertura de la escuela náutica en Guayaquil; en salud, mejoramiento del sistema hospitalario; en las finanzas públicas, puso orden y claridad en el manejo de la contabilidad y cobro, anticipadamente, de los tributos a los indios –esta última acción, provocó la oposición del general Urvina– (Espinosa, 2003).

La oposición manifiesta de Urvina[23], se sumó a la intención de revuelta organizada por 'ilustres' guayaquileños, que encontró su realización el 20 de febrero de 1850 cuando la Guarnición de Guayaquil se sublevó y proclamó al general Urvina como Jefe Superior de la Provincia --- esta intentona fue contenida por Ascásubi, obligando a Urvina a convocar el 2 de marzo de 1850 a los *padres de familia y vecinos de la ciudad de Guayaquil 'para depositar en sus manos el poder'. La asamblea popular desconoció* [...la autoridad de Ascásubi...] *y eligió Jefe Supremo a Diego Noboa* (Espinosa, 2003, pág. 22), que más allá de los argumentos formales esgrimidos por la Asamblea guayaquileña de búsqueda de transparencia, terminación del autoritarismo, etc., tenía como objetivo *que el poder volviera a Guayaquil* (Espinosa, 2003, pág. 22).

---

[23] Quien aprendió la sutileza de la política mientras fue Edecán de J.J. Flores (Benítez Vinueza, 2005)

Diego Noboa y Arteta resulta un personaje de transición que recibió duras críticas[24] y cuyo nombramiento como Jefe Supremo del Guayas, en marzo de 1850, terminó por romper la endeble, pero naciente, unidad nacional marcista: el país bajo dos gobiernos, se perfilaba como dos naciones, una liderada por Noboa y la otra por Ascásubi.

Las provincias se fueron pronunciando y alineando a favor de Noboa. Quito lo hace el 10 de junio de 1850, lo que obligó a Ascásubi a retirarse; Azuay, Loja y Manabí, se decantaron por Guayaquil, sin embargo entregaron el poder al general Elizalde, volviendo a reeditarse la confrontación con dos ocupantes del poder: Noboa y Elizalde; sin embargo, en esta ocasión, un sentido práctico y alineación de intereses provocó que ambos actores se comprometieran −se conoció como el Convenio de La Florida− a convocar a una Convención para el 8 de diciembre de 1850, en Quito.

La Convención eligió a Noboa como Presidente Interino con 23 votos contra 2, e inmediatamente asumida la

---

[24] Entre los más mordaces contradictores del Presidente Noboa fue Jacinto Jijón y Caamaño, quien se refería a Diego de Noboa como *un hombre justo, que tuvo la sencillez de la paloma sin poseer la malicia de la serpiente. Cometió la grave falta de desconocer su incompetencia y dejarse tentar por el mando − prestando su nombre para que sirviera de pantalla al astuto [...] un día que Dios estuvo enfermo, grave* (Espinosa, 2003, pág. 24).

Presidencia promulga la quinta Constitución[25] (1851); base normativa con la cual Noboa es ratificado como Presidente de la República el 26 de febrero de 1851.

Asimismo, Diego Noboa y Arteta solicitó la autorización a la Convención para que se readmita a la Compañía de Jesús, que había sido expulsada de la Audiencia 84 años atrás por Carlos III, quien desde el liberalismo e ilustración veía a los jesuitas como estructuras ortodoxas y profundamente conservadoras. En el frente externo, el Presidente Noboa y Arteta busca ententes con Perú, Bolivia y Chile, ante la autorización que recibió el Presidente colombiano López, el 16 de mayo de 1851, por parte de su Congreso Neogranadino para declarar la guerra al Ecuador.[26]

La amenaza de guerra constituyó la justificación para que en junio de 1851 el Congreso ecuatoriano le extendiera al Jefe del Estado poderes extraordinarios; hecho político

---

[25] La Carta Magna promulgada por Noboa y Arteta se inspiró en el proyecto escrito por Pedro Carbo, su sobrino. Huelga señalar que respecto de esta Constitución, el general Urvina señaló que era un compendio incoherente de todas las Constituciones (Espinosa, 2003).

[26] La acción bélica colombiana se fundamenta en el entendido de que los Jesuitas –expulsados de Colombia en mayo de 1850, por el Presidente López-, admitidos en el Ecuador por el Presidente Noboa, por mediación hecha por García Moreno, constituían un peligro eminente a la seguridad colombiana, por el soporte ideológico de la Compañía de Jesús y su mecánica de influir en procesos de dominación territorial (Palacios & Safford, 2005)

que fue aprovechado por el general José María Mariano Segundo de Urvina y Viteri, acusando a Noboa de haber comprometido la integridad nacional y, nuevamente apoyado en la Guarnición de Guayaquil, se proclama Jefe Supremo de la República en julio de 1851.

Este hecho político hace del general pillarense Jefe Supremo de la República, cargo que lo desempeña del 24 de julio de 1851 a 17 de julio de 1852; para luego actuar como Presidente Interino del 17 de julio al 6 de septiembre de 1852; y, finalmente, Presidente de la República, del 6 de septiembre de 1852 al 15 de octubre de 1856. Huelga mencionar que también desempeñó el cargo de Vicepresidente en la Administración de Pacífico Chiriboga (Destruge, 1992).

Al momento de asumir la Presidencia de la República, José María Urvina impulsa y sanciona la quinta Constitución (1852), con la cual facilita su proyecto que estaba formulado en tres ejes: primero, el horizontal, arbitrando entre la Sierra y la Costa −aunque mostró predilección por la Costa Sur-; segundo, el vertical, al mostrar preocupación por las estructuras marginales de la sociedad ecuatoriana; y, tercero, el transversal, al impulsar la maduración de *las bases populares chihuahuas de 1834* [...para que se transformaran...] *en la generación montonera del alfarismo de 1895* (Espinosa, 2003, pág. 27).

En este punto hay que señalar que Urvina resulta para los fines políticos el heredero forzoso de las virtudes y taras de Flores y Rocafuerte –con quienes luchó en Miñarica-; de Ascásubi –quien apoyó la nominación de Urvina como Presidente de la Cámara de Representantes; y de Robles –a quien apoyó durante la crisis de 1858-. Urvina dirigió la revolución que, en 1875, puso en el poder a Ignacio de Veintimilla y fue, junto a Juan Montalvo y Eloy Alfaro, un férreo contradictor de García Moreno.[27]

Durante la gestión de Urvina, que en función de las formas bien pueden ubicarse en el andarivel del populismo liberal[28], se registran actos de Estado, entre ellos la expulsión de los jesuitas[29] (La Prensa Católica, 1959), y la retoma, a cargo del Estado, de la instrucción primaria, impulsando al mismo

---

[27] García Moreno vence a José María Urvina en Jambelí, el 26 de junio de 1865 (Le Gouhir y Rodas, 1921)

[28] Según recoge Simón Espinosa, las expresiones que mejor enmarcan lo expuesto son las manifestadas por el Presidente Urvina como: *Los indios son los ilotas del Ecuador; fecundizan la tierra con su trabajo; erogan gruesas contribuciones para el sostenimiento del culto y aumento de los fondos del erario nacional y en reciprocidad no obtienen del orden social sino suma muy limitada de bienes.* [...] *¿Estará en el corazón de la autoridad el mandar a reprimir a balazos por haber cedido a los consejos de su desesperación?* (Espinosa, 2003, pág. 29) Adviértase que estas frases son formuladas con claro desafío hacia el poder económico y político de la época.

[29] El hecho de la expulsión estuvo estrechamente vinculada a la declaratoria de guerra formulada por el Presidente colombiano López, mismo que una vez efectivizada la expulsión de la Compañía de Jesús, prometió una paz permanente con el Ecuador.

tiempo, un proceso privatizador del resto de los niveles educativos. La educación superior y universitaria, al amparo de la Ley de Libertad de Estudios, perdió rigurosidad en la admisión y en el criterio de rendición de los exámenes, con el objetivo –¿loable?– de ampliar la base de ingreso y permitir que otros actores sociales pueden entrar a la Alma Mater sin un tamiz de selección.

En lo comercial, impulsó las exportaciones a través de las exenciones arancelarias –especialmente del cacao y la cascarilla, esta última utilizada para la elaboración de la quinina, remedio contra el paludismo–; y, declaró la navegabilidad libre del río Amazonas.

En materia de finanzas públicas consolidó los intereses de la deuda externa con Inglaterra por un monto de £.1'820.000,oo libras –y la diferencia en certificados agrarios para la concesión de terrenos baldíos a favor de la 'Ecuador Land Company'; negociación que se perfeccionó en 1854 con la firma del contrato Espinel-Moncatta (Espinosa, 2003)– y la celebración del convenio anglo-ecuatoriano Icaza-Prittchet, suscrito en Quito, en Septiembre de 1857.

Asimismo, suprimió el cobro anticipado de los tributos a los indígenas y dio a algunas comunidades la posesión de aguas que estaban monopolizadas por los terratenientes de la época

Para la implementación de su proyecto, José María Mariano Segundo de Urvina y Viteri *realizó inversiones en el ejército,* [...en especial contó con...] *el apoyo de los "tauras"* [... como se conocía...] *el lugar donde recibían instrucción militar los negros* [-a quienes denominaba canónigos y a quienes-] *había concedido la libertad,* [...convirtiéndose éstos...] *en sus más fieles defensores* (La Guía, 2007). La inversión significó una sensible mejora en los sueldos, la alfabetización del personal, el mejoramiento del equipo y logística militar. Esta política le permitió crear una guardia pretoriana eficiente y eficaz que le ayudaba a que la 'gente entre en razón', articulando el *terror sin sangre,* [...ya que...] *Urbina ablandaba sin llegar al asesinato* (Espinosa, 2003, pág. 29).

Esta arista cínica de hacer política por parte del Presidente Urvina, se institucionaliza en la Constitución (1852), al suprimir la pena de muerte por delitos políticos. El ejercicio avieso del relacionamiento político, se vuelve principio positivo de la interacción política, despenalizando la actividad y por tanto liberando el debate político.

En el frente externo, la gestión de Urvina se centró en la determinación del espacio geográfico del país. Con Colombia logra una negociación —vinculada con la expulsión de los jesuitas-, mientras que en el sur, con el Perú, las relaciones bilaterales se vieron complicadas cuando el Gobierno de ese país creó el Departamento de Loreto,

en la margen izquierda del Amazonas, con base a la Cédula
Real de 1802, hecho que provocó la protesta del Ecuador y
dio paso a la declaración de Urvina de la libre navegabilidad
del río Amazonas (Destruge, 1992) y las tensiones propias
en materia de determinación del territorio nacional.

Con estos hechos el Estado ecuatoriano iba reconfigurando
su naturaleza y al mismo tiempo cerrando el capítulo abierto
en 1845 con la Revolución Marcista. El baremo hasta ese
punto mostraba que la inestabilidad había tomado una
nueva forma[30], y el sanedrín nacional vio cambiar las reglas
de elección, que con base a la Constitución de 1852 –que
en materia electoral modificaba la práctica adoptada desde
1830–, determinó que la asamblea compuesta por 300
electores por cada Departamento[31] (Cuenca, Guayaquil y
Quito) eligiera presidente. El General de División Francisco
Robles asume el poder con 514 votos; sus oponentes
registran: 294 Manuel Gómez de la Torre, 37 Manuel
Bustamante y 9 Francisco X. Aguirre, para un período
presidencial que dató del 16 de octubre de 1856 al 31 de
agosto de 1859 (Espinosa, 2003).

---

[30] Al igual que Urvina, Robles participa en la campaña que terminó
consolidando a Ignacio Veintimilla en el poder.

[31] Adviértase que la Constitución de 1852, a diferencia de la adoptada
por Rocafuerte (Constitución de 1835) retoma el criterio político
administrativo de Departamentos.

La agenda programática del Presidente Robles se asemejó en lo 'populista liberal' a la del General Urvina y Viteri; sin embargo, en la educación, sancionó una ley por *la cual ordenaba que en las parroquias de la República hubiera una escuela primaria gratuita para niños de ambos sexos*, [...lo que en palabras del historiador jesuita José María Le Gohuir Raud le valió el calificativo de...] *uno de los varones más nobles y humanistas* (Pérez Ramírez, 2008).[32]

Se gestó un cortísimo período de no-confrontación entre 1856 y 1857, en la cual se dedicó a consolidar la obra iniciada por su antecesor, imprimió su propia impronta al aprobar el Código Civil –de inspiración chilena-; la abolición de los tributos de los indios; y, continuar con el arreglo de las finanzas públicas, especialmente el relacionado con la deuda inglesa que, se transformó en el detonante de una gran crisis nacional (1859) que marcó el inicio del fin de la gestión de Robles.

Como se menciona supra, su Ministro de Hacienda, Francisco de Paula Icaza y el Encargado de Negocios

---

[32] El calificativo dado por el jesuita se debió al contenido de la Ley de Educación Primaria que contemplaba premios para los mejores estudiantes, la abolición de los castigos corporales, imponía la asistencia diaria a clases de 9am a 3pm (excepto los domingos y feriados), señalaba las vacaciones anuales (15 días, las de navidad, Semana Santa), instauró una supervisión cantonal y parroquial integrada parcialmente por los padres de familia (Espinosa, 2003).

de Inglaterra, Jorge S. Prittchet negocian y suscriben y comprometen los aspectos medulares de la deuda inglesa, mediante el cual se concreta la concesión, por parte del Ecuador, a los acreedores de la explotación y colonización de territorios a las orillas del Zamora y del Bobonaza, con la condición de que los colonos extranjeros reconocieran la soberanía ecuatoriana sobre los territorios explotados y sobre las poblaciones que se crearen (Terán, Flores, & Swett, 1981).

Este hecho provocó la protesta reiterada del Perú que sostenía que los territorios concesionados por Ecuador eran de soberanía peruana, y tras el establecimiento de un diálogo ecuatoriano-peruano y el fin del mismo, *el Congreso peruano [...] en sesión secreta, posesionó a Castilla y autorizó la guerra contra Ecuador* (Espinosa, 2003, pág. 32). Conocida la decisión peruana, el Presidente Robles solicita al Congreso plenos poderes aduciendo la invasión del sur en junio de 1858.

La costa ecuatoriana es bloqueada por tropas del Mariscal peruano Ramón Castilla en octubre de 1858; la confrontación se volvió inminente y el diferendo terminó con la suscripción de la Paz de Mapasingue[33], y el abandono de las tropas peruanas del territorio ecuatoriano, acordándose

---

[33] Huelga señalar que *Entre 1861 y 1863 ambos países desautorizaron el tratado de paz* (Aguirre, 1995, pág. 372)

delimitar la frontera según el 'Uti Possidetis' con base a lo establecido en la Real Cédula de 1802 (Aguirre, 1995).

Un año antes, 1857, había regresado al país Gabriel García Moreno, luego de cursar estudios en París para irrumpir con fuerza en la vida política ecuatoriana. Asume el Rectorado de la Universidad Central y ocupa el puesto de Senador por Pichincha. En 1858, ya como parte del Congreso, al recibir el pedido del Presidente Robles de las extraordinarias por la inminente invasión peruana, Gabriel García Moreno, Pedro Moncayo y otros legisladores, encabezan una oposición radical y trivializan la declaratoria de guerra peruana (Henderson, 2008) --- el 26 de octubre de 1858, la costa fue bloqueada.

La realidad que tuvo que enfrentar el Ecuador con el bloqueo de Guayaquil se constituyó para Robles en el mejor pretexto para disolver el Congreso, desterrar a García Moreno y a Moncayo —que fueron a parar al Perú— y, transformando el año de 1859, en *el más trágico para la República en todo el siglo XIX* (Espinosa, 2003, pág.32).

★ ★ ★

Capítulo IV
REPARTIÉNDOSE LA HACIENDA

El proceso de creación del Estado ecuatoriano, *bajo un modelo unitarista y centralizado de organización* [...] *fue una larga tarea y compleja, que sufrió diferentes altibajos a lo largo del siglo XIX* (García Jordán, y otros, 2000, pág. 221) y que se forjó entre crisis políticas –de diferentes dimensiones, pero paradójicamente de contenidos similares–, y lapsos de evolución institucional.

Ecuador enfrentaba un proceso de inestabilidad como Nación –en consolidación– y como Estado –en construcción–, al enfrentar entre 1859 y 1860 una división en el plano político que provocó una *inestabilidad absoluta propia de una etapa de transición entre el militarismo y el civilismo* [...donde los caudillos que incitaron la fragmentación...] *son oportunistas, se mueven por intereses bastardos y sus pronunciamientos no son sino una fórmula consagrada para alcanzar el poder* (Suárez Fernández & Hernández, 1989, pág. 210)

Desde enero de 1859 se fueron produciendo hechos políticos cuyo colofón fue la instauración de cuatro Repúblicas con sus propios Gobiernos; es decir, que en términos de proyección histórica, el Ecuador se enfrentaba a su disolución como Estado.

El Presidente Robles a inicio del año 59, y ante la oposición política creciente en Quito, en especial frente a la decisión de los senadores Gabriel García Moreno y Pedro Moncayo de no otorgarle facultades extraordinarias ante la amenaza peruana, dispone que la capital sea trasladada a Guayaquil, y encarga al General Urvina la defensa del puerto (Henderson, 2008).

La amenaza externa no sólo provino del Perú, que había iniciado el bloqueo de Guayaquil, sino también de Colombia cuando el Gobernador del Cauca (Colombia) en febrero de ese año, propone una alianza al Perú para repartirse el territorio ecuatoriano.

En mayo de 1859 Quito se subleva y conforma un Gobierno Provisional integrado por Gabriel García Moreno, Jerónimo Carrión –quien era hasta ese momento el Vicepresidente de Robles– y Pacífico Chiriboga. El triunvirato fue derrotado en junio de ese año y el cabecilla del Gobierno Provisional, Gabriel García Moreno, se auto destierra al Perú, para desde ahí, el mes siguiente (julio de 1859), embarcarse y retornar al Ecuador, proponiendo al General Guillermo Franco Herrera como Comandante Militar de la ciudad porteña de Guayaquil, desconociendo la Administración Robles y convocando a elecciones (Henderson, 2008).

En junio de 1859, Robles reúne al Congreso en Cuenca con miras a consolidar un espacio de gobernabilidad; objetivo que no logra alcanzar, pues entre los legisladores convidados a la capital azuaya, se encontraban aspirantes a la Jefatura del Estado.

En agosto de ese año, el General Franco suscribe un tratado con los peruanos y convoca a elecciones; estos dos hechos fueron rechazados por el Presidente Robles, quien dispone que la Capital, que estaba funcionando en Guayaquil, se traslade a Riobamba y, desde Cuenca, junto a Urvina, confrontar a Guillermo Franco H. (Espinosa, 2003)

Por el norte del país, la situación confabulaba también. El Presidente Robles enfrentó sin éxito el ataque de Rafael Carvajal. La gobernabilidad de la Administración Robles estaba quebrada, lo que le llevó a dimitir del cargo, dejando a la nación −o lo que quedaba de ella- en manos de la conjura de sus detractores.

Esta incruenta realidad devino en el aparecimiento de cuatro gobiernos que, a su turno, proclamaron para sí el ejercicio autónomo del poder (¿independiente?) en sendos segmentos del territorio nacional. En términos prácticos se repartió la hacienda en cuatro micro repúblicas:

Tipo Gobierno	Mandatario	Fecha	Jurisdicción
Constitucional	Francisco Robles	Hasta 31 Agto. 1859	Sierra Central y Guayaquil
Provisional de Quito	García Moreno Jerónimo Carrión Plácido Chiriboga Rafael Carvajal	Del 4 Sept. 1859 a 10 Ene. 1861	Sierra Norte
Cuenca	Jerónimo Carrión	6 a 7 May. 1859	Provincias de Cañar y Azuay
	Francisco Robles Guillermo Franco	8 May. a 27 Sept. 1859	
Jefatura Suprema Guayas	Mariano Moreno	13 Nov.1859 a 3 Mar.1860	
	Guillermo Franco	21 Agto.1859 a 24 Sept.1860	La Costa menos El Oro, pero sí Machala
Federal de Loja	Manuel Carrión Pinzano	18 Sept.1859 a 23 Mar.1860	Provincias de Loja, El Oro y Zamora

Fuente: (Espinosa, 2003, pág. 34)

En este escenario, emerge un hombre en quien se *destaca, como centro de atracción, sus negros y grandes ojos de acero bruñido y fulgurante: ojos terribles de vengador, de acusador, de exterminador* [...] (Pino de Izaza, y otros, 1960, pág. 207): es el doctor Gabriel García Moreno, a quien más allá de su participación en el proceso de desarticulación nacional durante el Gobierno de Robles, veremos que *merece el crédito de ser el primer gran constructor de la nación en la historia del país* (Henderson, 2008, pág. 208)[34].

★ ★ ★

---

[34] La obra de Henderson está en inglés. La traducción de ese párrafo fue realizada por los autores de esta obra.

Capítulo V

RECONFIGURACIÓN DEL ESTADO Y LA RECONSTRUCCIÓN DE UN PAÍS

La crisis de 1859 y 1860, como se ha visto, no sólo respondió a un problema de carácter político: la lucha entre las estructuras de poder de la sierra y la costa; sino que dejó entrever, al mismo tiempo, el débil andamiaje que representaba la ecuatorianidad como sentido e ideal nacional.

Los padres de la patria, inmersos en luchas intestinas, no dudaban en jugar con agnados y cognados con miras a satisfacer sus egos y pretensiones económicas y políticas, más allá de la legitimidad o no de los discursos expresados para justificar las acciones adoptadas.[35]

La Constitución de 1852 –la quinta-, impulsada por Francisco Robles, fue la base normativa que definiría el contrato social en el cual la gran crisis nacional se articuló, y que estuvo a punto de provocar la desaparición del Estado ecuatoriano.

---

[35] García Moreno *concausó la crisis nacional de 1859-1860 y la resolvió* (Espinosa, 2003, pág. 39)

En esas condiciones asume el protagonismo esencial un hombre que, en palabras de Crespo Toral, tenía *alma hermosa encerrada en formas arrogantes* [...llevando...] *soberanamente sobre los robustos hombros el peso de su cerebro, gallarda la postura, alto el cuerpo, levantado el pecho para el desafío de la batalla y el arranque de la tribuna* [...con...] *toda la vehemencia de la pasión que agitaba a este noble ejemplar humano se traduce en una explosión de ingenuidad, que denuncia la vocación de aquella alma, para la lucha, para el apostolado, y para el martirio: un hombre de Dios, un misionero, un caballero de la Cruz; el héroe, el loco... el genio...* (Pino de Izaza, y otros, 1960, pág. 207 y 209): Gabriel García Moreno.

En un Ecuador dividido en cuatro ecuadores había cuatro líderes. El mejor dotado de ellos debía triunfar. Y ese fue García Moreno (Espinosa, 2003, pág. 39), quien el 17 de enero al 2 de abril de 1861 asume la Presidencia Interina de este país convulsionado, lapso en el cual convoca a elecciones y, el 10 de marzo de ese año, es elegido Presidente de la República, para el período que iba del 2 de abril de 1861 al 30 de agosto de 1865. Asimismo, durante su interinazgo, la Asamblea instalada en Quito el 10 de enero de 1861, formuló la sexta Constitución (1861) que respondiendo a compromisos políticos, reeditó un sistema administrativo más o menos conservador, aunque la ausencia de García Moreno como legislador −al estar ocupado de la Jefatura Interina del Estado-, permitió que se recogieran ciertos conceptos liberales en materia electoral y se imprima un espíritu de legalidad en dicha Carta Magna (Henderson, 2008).

Desde el primer día de su gestión como Presidente elegido (2 de abril de 1861), García Moreno diseñó un proyecto de Gobierno bajo un ejercicio ecléctico de las fuerzas político/religiosas y las económicas, que desde 1830 luchaban por la hegemonía política del país; en definitiva buscó armonizar las tendencias conservadora-clerical[36] y liberal-modernizadora —esta última respondía a las corrientes del mercado internacional de la época- (Heller, 2006).

La implementación de su proyecto de Gobierno lo hizo sin importar los medios: aliarse con el invasor, entregar el país a Francia o concentrar el poder (Espinosa, 2003); en definitiva, el fin, que era salvar la patria, le permitía desde una visión ortodoxa del realismo político, usar cualquier medio, justificando axiológica y deontológicamente la "Raison d'Etat"[37]

---

[36] Según Espinosa, esta inclinación por reconstruir los vínculos del Estado con la Iglesia, se debió a que a *los 18 años de edad se sintió llamado al sacerdocio y recibió las órdenes menores* [...y haber leído...] *los 19 tomos de una Historia Universal de la Iglesia Católica* [...] *lectura que lo convirtió en católico devoto, fiel al Vaticano y defensor de la independencia de la Iglesia Hispanoamericana sometida al Estado desde la conquista en virtud del Patronato Real* (Espinosa, 2003, pág. 40).

[37] La Razón de Estado es una figura política que debe vérsela desde la historia de la formación y desarrollo del Estado. Es un concepto que

García Moreno definió un modelo de Estado que se asentaba en un orden nacido de la fuerza[38], que le permitió progresos materiales, pero también se produjeron retrocesos cívicos. Huelga mencionar, en este punto, que su accionar siempre se caracterizó por precautelar y no afectar la estructura de la distribución de la riqueza de aquellos actores de la Costa Sur del país que se consolidó en la década de los 50 del siglo XIX, por el desempeño de las exportaciones del cacao y la cascarilla (Acosta, 2001).

La formación académica y su inclinación por la sistematización y ordenamiento, hicieron de García Moreno el prototipo de estadista que requería el Ecuador en esta etapa de reconfiguración formal −con la reorganización del Estado y su institucionalidad- y de fondo −al entregarnos los primeros elementos para construir una identidad nacional-.

---

se gesta alrededor de las ideas de Nicolás Maquiavelo para referirse a las medidas excepcionales que ejerce un gobernante con el objetivo de conservar al Estado, en el entendido de que la supervivencia del Estado es un valor superior a otros derechos individuales o colectivos. Sin embargo se le atribuye al Cardenal Richelieu el uso extensivo de esta figura para garantizar el orden imperante, sin considerar la naturaleza ética de los medios utilizados (Fernández García, 1997).

[38] Este sesgo de su personalidad se ve evidenciado en una frase atribuida a él mismo al referirse a la eliminación de Flores y su Carta de la Esclavitud: *El medio más pronto y seguro es el puñal* [...] *y yo me ofrezco a llevar adelante el proyecto si alguno de mis socios quiere acompañarme* (Espinosa, 2003, pág. 40).

Estos atributos le permitieron diseñar y presentar un plan de desarrollo, introduciendo como teleológico el surgimiento, proyección y prosperidad del Estado ecuatoriano consolidándolo por encima de los intereses particulares de los sectores en pugna de la clase dominante; como fines intermedios, la inclusión de una cultura política con miras a moralizar la nación -tema que lo articuló a través del uso de la represión-, que la implementa junto con el diseño de obras estratégicas para articular el país –en lo productivo y en lo educativo-.[39]

Asimismo, estableció un listado de instrumentos de apoyo, que constituían las estructuras institucionales que hasta el momento resultaban tener el mayor nivel de aceptación y credibilidad: las fuerzas armadas y la iglesia; actores que utilizaría e impulsaría para alcanzar el objetivo final e intermedio. Finalmente, diseña e implementa acciones concretas, entre las cuales podemos destacar el desarrollo de los sectores industrial, comercial y agrícola; el ordenamiento de las finanzas públicas, la economía y el crédito nacional; la consolidación y ampliación de las relaciones exteriores; y

---

[39] En lo productivo huelga recordar que fue la Administración de García Moreno la que tomó la decisión política de iniciar la construcción del ferrocarril entre Quito y Guayaquil, obra que la inauguraría, finalmente, el General Eloy Alfaro Delgado –fundador y miembro del Partido Liberal Ecuatoriano-; y, en lo educativo, la entrega de la formación académica a través del maridaje con la Iglesia católica (Henderson, 2008).

la consolidación de la defensa del honor y los derechos del Estado (Henderson, 2008).

La Constitución del 61 se volvió un punto de conflicto en la articulación de este proyecto, ya que la misma había limitado las facultades presidenciales por un lado, y eliminado la pena de muerte por delitos políticos por otro; esta situación normativa no impidió que García Moreno la violase cuantas veces le pareciese.[40]

Su primer período fue de profundo ajuste y búsqueda de superación de la crisis que había fragmentado el país. Esto se hizo a fuego y hierro: hubo un deterioro de las relaciones sociales; explotación de los trabajadores; alzamientos indígenas; y, todo, con niveles altísimos de represión.

El cuatrienio de su gestión no fue suficiente para que su proyecto político cuajara, requería de un sucesor que estuviera comprometido con los objetivos diseñados por él, y que pudiere actuar como gran mediador entre las estructuras de poder de la sierra y la costa: su primera preferencia fue por un acaudalado terrateniente y comerciante guayaquileño, José María Plácido Caamaño, en quien *admiraba su integridad y energía, inconciliable con los malvados e incapaz de servir de instrumento a nadie* (Espinosa,

---

[40] Sobre la Carta Magna sostenía que no le permitía *hacer el bien ni impedir el mal, a menos de modo legal* (Espinosa, 2003, pág. 41).

2003, pág. 41); sin embargo, discrepancias entre los miembros del Club Republicano[41] provocó que García Moreno ordene su cierre, lo cual hizo que Plácido Caamaño protestara, provocando que el Presidente lo tomara como un acto de traición y, en una suerte de tregua política, impulsó a Jerónimo Carrión y Palacio –como su candidato a presidente-, quien, efectivamente, en 1865 fue elegido para la Primera Magistratura del país.

El proyecto garciano encontró continuidad[42] durante el período presidencial de Jerónimo Carrión, que arrancó el siete de septiembre de 1865 y terminó con su dimisión[43] el

---

[41] El Club Republicano era una asociación compuesta por los más insignes conservadores de la época, del cual el mismo García Moreno era parte. Sin consulta previa, el Club había proclamado como candidato a Manuel Gómez de la Torre, tema que fue rechazado por el Presidente y que incluso provocó que ordenara la clausura del Club (Henderson, 2008).

[42] La posición adoptada por la Administración Carrión y los partidarios de García Moreno, respecto del proyecto iniciado por la administración anterior, le granjeó calificativos como el recogido en el rotativo cuencano "El Centinela" que al respecto decía que *el que ayer fuere caamañista por convicción hoy sea carrionista por obediencia, como no es extraño ni nuevo, desde tiempos de Judas, que el discípulo venda y entregue a su maestro* (Espinosa, 2003, pág. 43).

[43] Jerónimo Carrión dimite como resultado de la pugna política e ingobernabilidad provocada, entre otros aspectos, por la oposición y ambición política de García Moreno; la oposición liberal que se gestaba y articulaba desde el Congreso; y la acumulación de poder entregado a Manuel Bustamante, su Ministro del Interior y de Relaciones Exteriores; personaje este último que por su temperamento abrió frentes que le transfirieron la cuenta al Presidente Carrión. Entre los detractores más

seis de noviembre de 1867, tras la declaratoria del Congreso electo en ese año, de ser un hombre *indigno del alto cargo* (Espinosa, 2003, pág. 44).

Los logros más importantes de la corta Administración de Carrión, se articularon dentro del proyecto garciano –con lo que se iniciaron las bases del imaginario ecuatoriano-, evidenciándose en la reafirmación del Tratado de Alianza Defensiva entre Bolivia, Chile, Perú y Ecuador; el establecimiento de la diócesis de Bolívar con residencia en Riobamba; la puesta en vigencia del Concordato suscrito con la Santa Sede; la fundación del Conservatorio de Música en Guayaquil; la oficialización del Himno Nacional creado por Juan León Mera y Antonio Neumane; la impresión de los primeros sellos postales; la creación de la cátedra de Pedagogía en la Universidad de Quito; la fundación del Colegio Pedro Vicente Maldonado en Riobamba y Pedro Carbo en Guayaquil; el establecimiento del hospital San Vicente de Paúl en Latacunga; el mejoramiento del sistema recaudatorio a favor del erario nacional; la armonización de la moneda a nivel nacional; y, la articulación de la libertad de prensa –derecho este último profundamente limitado durante la Administración García- (Espinosa, 2003).

---

fuertes a Bustamante estaba García Moreno, quien tras un impasse personal con el Ministro se vio en la necesidad de huir dentro del país –Vinces y Guayaquil- e incluso salir hacia el exterior –Francia- (Espinosa, 2003).

Tras su dimisión, Pedro José Arteta y Calisto, su Vicepresidente, se hace cargo del poder del 7 de noviembre de 1867 al 20 de enero de 1868, lapso en el cual se concluyen y consolidan las gestiones emprendidas por su antecesor y definidas dentro del proyecto garciano. Arteta cuyo trajinar en la vida política va desde la condición de Secretario de la Primera Convención en 1830, a Contador General de Rentas del Estado con J.J. Flores, culmina con la encargaduría del poder ejecutivo en 1867 (Gomezjurado Zevallos, 2015).

Liderado el Congreso de 1867 por García Moreno, éste propone como candidato a la Presidencia a Javier Espinosa, a quien calificaba de católico y virtuoso, a pesar de haber sido Ministro del Interior de Urbina, García Moreno le profesaba simpatía, misma que se puede evidenciar en la frase que se le atribuye a él cuando en relación con su candidato señaló que *más puede con el señor Espinosa, el último de los urvinistas que yo* (Espinosa, 2003, pág. 46). Espinosa se posesiona el 20 de enero de 1868 y designa a Camilo Ponce Ortíz[44] como su Ministro del Interior y a Julio Castro como Ministro de Hacienda.

---

[44]   Diplomático y político quiteño nacido en el año 1829, hijo de don Nicolás Clemente Ponce Pérez y de doña María Dolores Ortiz. Ingresó a la vida pública y asistió como Diputado y como Senador a varios congresos en los que sobresalió por sus condiciones de notable orador parlamentario. Pasó luego a colaborar con el gobierno del Gral. Francisco Robles, quien en 1858 lo nombró Oficial Mayor del Ministerio del Interior, y

Espinosa imprime en su Administración un sello personal que logra provocar el distanciamiento con su patrocinador, Gabriel García Moreno; distanciamiento que se profundiza con el nombramiento de Francisco Montalvo como Gobernador de Tungurahua –éste era el hermano de Juan Montalvo, férreo contradictor de García Moreno–. Aunque en el juego político, Espinosa contaba con apoyos de las personas cultas de Cuenca y en especial de Juan Montalvo y Julio Zaldumbide, su gestión se vio erosionada de manera precipitosa tras un hecho telúrico: el terremoto del 16 de agosto de 1868, que dejó en escombros Ibarra, Otavalo y demás poblaciones del centro y oeste de la provincia de Imbabura, murieron cerca de 20 mil personas y otras 50 mil quedaron sin hogar (Pesantes & Cueva, 2007).

Esta tragedia y la inoperancia de la gestión de su gobierno para enfrentarla, arrinconó a Espinosa para que, a través de Camilo Ponce Ortíz, propusiera a García Moreno asumir el 22 de agosto de 1868 la Jefatura Civil y Militar de Imbabura. La gestión de García Moreno permitió que el 26 de agosto de ese año los caminos estuvieran reabiertos y los eventos delincuenciales contenidos; para mediados de octubre de

---

al año siguiente Canciller de la República. En 1863 fue Ministro de Hacienda durante el primer gobierno de García Moreno, y en 1867 fue elegido Presidente de la Cámara de Diputados, en el célebre Congreso que descalificó al Mandatario. Ese mismo año, fue también Ministro del Interior del presidente Jerónimo Carrión (Avilés Pino, 2013).

1868 García Moreno hace una retirada estratégica, una vez dejado encauzada la reconstrucción de Ibarra, con una fama de salvador y reconstructor a nivel nacional. (Henderson, 2008).

En ese mismo mes, Benigno Malo, Antonio Borrero y 41 notables de Cuenca proponen la candidatura de Francisco Xavier Aguirre, postulación que contaba con el apoyo del Club Republicano de Quito, como una solución transaccional entre Pedro Carbo que tenía el repudio de los conservadores y algunos liberales y García Moreno, rechazado por los liberales, que veían en él una amenaza. La propuesta de estos notables fue desechada por García Moreno al descalificar a Aguirre en función de su vinculación con Urvina: era su cuñado.

Este tablero político incitó a García Moreno a articular un golpe de Estado, mismo que se produce el 16 de enero de 1869, provocando la renuncia del Presidente Espinosa. Para el efecto, contó con el apoyo militar de los generales Julio Sáenz, Comandante de Quito y Secundino Darquea, Comandante de Guayaquil. Para legitimar las acciones, establece una Junta de Notables, misma que designa a García Moreno como Presidente Interino.

En esa calidad, García Moreno desde Guayaquil, convoca a una Asamblea Nacional el 16 de mayo de 1869, y frente a este órgano colegiado, el Santo del Patíbulo[45] renuncia al cargo, sin antes garantizar que su cuñado, Manuel de Ascásubi, sea nombrado Presidente Interino y que éste lo nombrara como su Ministro de Hacienda.

Este cargo le permitía a García Moreno influenciar en las élites políticas y económicas de la sierra y la costa, sin generar ni provocar los efectos propios de la Primera Magistratura, endosando cualquier cuenta política al Presidente, consintiéndole estructurar un nuevo tablero político que le licenciaba la adopción de una Constitución que le facilitara, en el futuro inmediato, articular su proyecto modernizador, integrador y de centralización unificadora (Barrera G., Gallegos, & Rodríguez J., 1999).

Su primer movimiento fue el reducir el número de convencionales (redujo a 30) para que la adopción de la nueva Carta Magna sea expedita. La Asamblea Constituyente sesionó durante poco más de 100 días, y redactó la octava Constitución de la República; reformó el Código Civil y el Código de Enjuiciamiento Penal y Militar; dictó una nueva Ley de Elecciones; y desarrolló la legislación y normas para atender los sectores relativos a la construcción y uso de caminos vecinales, cajas de ahorro y bancos hipotecarios; y,

---

[45]   Forma en que Benjamín Carrión se refería a Gabriel García Moreno, incluso al publicar su libro que lleva como título "El Santo del Patíbulo" (Carrión, 1959).

por supuesto, como cereza del pastel, eligió al Jefe del Estado (Henderson, 2008); García Moreno gana las elecciones con 28 votos; en ese mismo suceso de nominación, y en un acto profundamente populista y demagogo, García Moreno en primer término no acepta el cargo, arguyendo respetar su juramento de *no aceptar el mando aunque fuese elegido* [... Renuncia que obviamente fue...] *con piola. Veintisiete de los 27 convencionales presentes rechazaron la renuncia* (Espinosa, 2003, pág. 50). García Moreno cual arteria emulgente asume la Presidencia de la República.

La nueva Constitución —octava para todos los efectos— *representaba un cambio radical respecto de su predecesora que se afincó, en último término, en el poder del gobierno local.* [En esa lógica no...] *es sorprendente que el ayuntamiento de la ciudad de Guayaquil, siempre ansioso por proteger sus privilegios* (Henderson, 2008, pág. 149)[46] fuera favorecida con este esquema, y así, asegurar el apoyo de la costa para el ejercicio de su gestión e implementación de su proyecto.

Por su contenido y la forma que usó García Moreno para que se ajuste esta nueva Constitución (1869) a sus necesidades, le granjeo el mote de "Carta Negra". Este octavo contrato social convertía al Presidente en una especie de dictador con halo legal, otorgándole entre sus facultades un amplio

---

[46] La traducción del párrafo es de responsabilidad de los autores.

poder de veto; le hacía prácticamente dueño-propietario del Consejo de Gobierno –órgano que aprobaba el estado de sitio durante los recesos legislativos–; se constituía en el elector de los magistrados del poder judicial; era el rector del Congreso –ya que durante la ausencia del Presidente ordinario, el Ministro del Interior ocupada este cargo–; instaura la reelección inmediata; le permitía manejar el aparato burocrático de manera antojadiza, nombrando y destituyendo sin fundamento legal; y reinstituye la pena de muerte para los delitos políticos.

La Constitución edita un pensamiento reaccionario[47] al excluir a las demás religiones y sus cultos, sean practicadas en forma privada y/o pública. Impone la religión católica como obligatoria vinculándola a la nacionalidad, obligando que la estructura del Estado proteja la religión y la haga respetar. Esta norma a la medida fue refrendada en el plebiscito de julio de 1869 (Stornaiolo, 1999).

---

[47] Calificativo que se puede inferir de la siguiente frase atribuida al propio García Moreno: *No perdáis jamás de vista que todos nuestros pequeños adelantos serían efímeros e infructuosos si no hubiésemos fundado el orden social de nuestra República sobre la roca, siempre combatida y siempre vencedora de la Iglesia Católica* (Espinosa, 2003, pág. 50).

Con este cursus[48] y legitimado por el aggionarmento[49], Gabriel García Moreno articuló el proyecto que había iniciado en su primera presidencia, fortaleció el rol de la Iglesia; usó de modo coercitivo al Ejército, lo despolitizó y redujo su número, profesionalizándolo y dándole una estructura que haría de este cuerpo la columna vertebral de la nación (Henderson, 2008); consolidó la reforma educativa; ordenó la economía nacional; e instauró el *orden como clima nacional*. (Espinosa, 2003, pág. 50).

Esta forma de gobernar, que venía forjando y escribiendo la mano de García Moreno con miras a reconfigurar el Estado y la nación ecuatoriana, ubicó al personaje en el autoritarismo; incluso, varios historiadores y opositores –de la época y posteriores- le llegan a calificar de "tirano". El argumento esgrimido de manera permanente para justificar su actuación desde la Jefatura del Estado, fue siempre la necesidad de orden para salvar al Ecuador; orden que impuso con la fuerza y que en su momento significó no sólo controlar a la oposición mestiza y a la oligarquía serrana y

---

[48] Del latín: Patente de Corso, que era un documento entregado por los monarcas de las naciones a los alcaldes de las ciudades, por el cual el propietario de un navío tenía permiso de la autoridad para atacar barcos y poblaciones de naciones enemigas (RAE, 2014).

[49] Palabra italiana usada durante el Concilio Vaticano II, que fue ampliamente usada por los Papas Juan XXIII y Pablo VI para expresar que la Iglesia Católica salió actualizada de dicho Concilio; en otras palabras, el aggiornamento es la adaptación o la nueva presentación de los principios católicos al mundo actual y moderno. (Weigel, 2002)

costeña, sino a los indios, sometimiento que concluyó, *con el fusilamiento de su líder, el indígena Daquilema quien se rebeló por los excesos de impuestos* [los diezmos] *y su cobro anticipado, el 8 de abril de 1871, en Yaruquí* (Henderson, 2008, pág. 200)[50].

A mediados del último año de su administración (May.,1875) se llevan a cabo las elecciones presidenciales, en las cuales no hubo sobresaltos, no hubo contendor y García Moreno es reelegido; hecho político que graficó Juan Montalvo, quien estaba exiliado en Ipiales, al escribir una carta titulada "La Dictadura Perpetua" en la cual incitaba a la resistencia señalando que *el derecho de conspirar contra la tiranía es de lo más respetable para los hombres libres* (Montalvo, 1993, pág. 41), como un clamor para romper la hegemonía política de García Moreno que había marcado el paso del país las últimas dos décadas y, en su propia lógica, instaurar un Gobierno democrático.

Este llamado a la conspiración encontró eco en lo ideológico y en lo personal: las interpretaciones son variopintas y dependen de la ubicación en el espectro –conservador o liberal–; la narración de la muerte de García Moreno estará relatada de modo más o menos rimbombante. El hecho histórico concreto permitió, sin embargo, que confluyeron

---

[50] La traducción del párrafo es de responsabilidad de los autores.

las motivaciones ideológicas[51] como autoría intelectual, y
las razones personales como el medio material que segó la
vida del Jefe del Estado, el viernes seis de agosto de 1875
(Henderson, 2008).

La muerte de quien mentalizó y ejecutó el proyecto
garciano, representa desde una visión de evolución estatal,
la ligazón de la modernización del Estado emprendida en la
primera presidencia de García Moreno; y, en lo político, las
bases del nacimiento de lo que sería la Revolución Liberal.

★ ★ ★

---

[51] Según Robalino Dávila –conservador– y Alfredo Pareja Diezcanseco
socialista (él no fue liberal), los conspiradores ideológicos fueron
Roberto Andrade, Manuel Cornejo, Abelardo Moncayo, Hipólito
Moncayo, Manuel Polanco, Juan Elías Borja, los hermanos Teodoro y
Adriano Montalvo y Rafael Portilla; y el autor material, Faustino Rayo
(Espinosa, 2003).

Capítulo VI
TRANSICIÓN IDEOLÓGICA Y FILOSÓFICA

Gabriel García Moreno había muerto: máxime exponente, ideólogo e implementador del proyecto modernizador más ambicioso que se había articulado en la República desde su fundación (Ayala Mora, 2016).

Este regicidio causó boatos en las filas conspiradoras, sin advertir que al asesinar a García Moreno se rompía el dique que su carácter, fibra moral y condición de estadista había construido para contener la irreconciliable confrontación de la clase política dominante de la sierra y la costa, que a más de estar fragmentada por este sesgo regionalista, veía profundizarse la división en función de las tendencias ideológicas conservadoras y liberales.

Mientras en lo político este era el nuevo escenario que enfrentaba la patria, en lo práctico le sucede en la primera magistratura, como Encargado del Poder, el Vicepresidente Francisco Javier León, del seis agosto al quince de septiembre de 1875. Le toma la posta, desde septiembre a diciembre de ese año, Francisco Xavier Eguiguren; y, para finalizar, asume la Presidencia de la República, Antonio María

Vicente Narciso Borrero y Cortázar, del nueve de diciembre de 1875 al ocho de septiembre de 1876 (Paladines, 1991).

Ni los trece meses –en términos temporales- ni sus dotes políticas –en tanto capacidades- pudieron evitar, por un lado, la inestabilidad que provenía del evidente antagonismo existente entre las fuerzas que buscaban consolidar hegemónicamente el poder y, por otro, el efecto de desarticulación del Estado, concebido como esa entelequia jurídico-política para administrar el país.

Sin embargo, a partir de ese lapso las estructuras terratenientes de la sierra y la costa fueron introduciendo elementos que cimentaron lo que posteriormente se constituirá en el esquema que marcaría la vida y la conducta económica y política del Ecuador: el modelo agroexportador (Acosta, 2001).[52]

El modelo agroexportador que se gesta y desarrolla entre 1876 y 1895, volvió a ese Ecuador, que vivía de manera endógena, vulnerable a factores exógenos; es decir, sensible a las fluctuaciones y comportamientos del mercado externo. Esto obligó al Estado a redefinirse en función de este

---

[52] Modelo que tuvo su punto de inflexión en agosto de 1973, cuando el General Guillermo Rodríguez Lara, Jefe del Estado ecuatoriano, con fruición en ceremonia desarrollada en el Templete de los Héroes, en la ciudad de Quito, daba por inaugurado el modelo extractivista con el "Boom Petrolero" (Etchart, 2012).

nuevo esquema productivo, orientando, mayoritariamente, su gestión al desarrollo de la infraestructura que diera ventajas comparativas y competitivas a los productores y comerciantes de nuestros commodities[53].

Esta interrelación y dependencia reeditó el modelo de explotación colonial –que a partir de ahí se denomina neocolonialismo- incorporando nuevos actores a este escenario: los Estados Unidos de América que logró, a través de la formulación en 1823 de la Doctrina Monroe, definir un espacio geopolítico en términos militares como comerciales y económicos (Narváez Ricaurte, 2016).

Es así como el país se vuelve testigo, en este período, en lo económico, del denominado "boom cacaotero", que permitió que la balanza comercial de la época registrara superávits; y, en lo político, se produjo un maridaje entre los productores cacaoteros y los banqueros, dando nacimiento a una nueva estructura de poder: la burguesía liberal (Acosta, 2001); estructura socio-económica que impulsó la denominada Revolución de 1895, y el ascenso del General

---

[53] Commodity: *es un término que generalmente se refiere a bienes físicos que constituyen componentes básicos de productos más complejos* (El Economista, 2012)

Ignacio de Veintemilla y Villacís[54] a la Primera Magistratura del Estado.

Aupado por esta nueva estructura social, y con el objetivo político de los liberales de asumir el poder, el General Ignacio de Veintemilla y Villacís encabeza el golpe de Estado del 8 de septiembre de 1876, derrocando a Antonio María Vicente Narciso Borrero y Cortázar, quien al no renunciar a la Presidencia es desterrado; y la Jefatura del Estado asumida por Ignacio de Veintemilla y Villacís. Para atender la pretensión liberal de tomar el poder, nombra a dos liberales radicales guayaquileños: Pedro Carbo como Ministro General; y, José María Noboa, como Subsecretario del Interior y Relaciones Exteriores (Espinosa, 2003).

Esta reorientación filosófica e ideológica en el quehacer político y administrativo del Estado, provocó inmediatamente enfrentamientos con las estructuras conservadoras fieles al proyecto garciano, en especial; se volvió contestataria la Iglesia que, a todos los niveles, profesaba discursos contrarios a los cabecillas liberales que ocupaban el Ministerio del Interior y Relaciones Exteriores. En esta lógica de confrontación, el liberalismo también reaccionó, removiendo del mundo terrenal, el 30 de marzo de 1877,

---

[54] Ejerce el gobierno del país en diferentes calidades, del ocho de septiembre de 1876 al 10 de enero de 1883.

al Arzobispo de Quito, José Ignacio Checa y Barba, y el 4 de septiembre de 1878 a Vicente Piedrahita, representante del conservadurismo político; hechos que provocaron que, en mayo de ese año, en el norte del país, se diera la primera 'conspiración conservadora'. Desde el ejecutivo, el Jefe del Estado ordenaba la denuncia del Concordato suscrito con la Santa Sede (Moreno Yáñez & Ayala Mora, 2008) como reacción frente a este evidente enfrentamiento ideológico y de poder.

Con el fin de adaptar esta nueva visión y darle un contexto normativo, se instaura en Ambato una Convención constituyente (25 de enero de 1878), con 54 convencionalistas –entre ellos estaba Federico González Suárez, quien se destacó por su soterrado silencio durante todo el período constituyente–, que para el 31 de marzo de ese año, entregaba una nueva Constitución de la República (novena, de 1878), y que en lo esencial replicaba los contenidos de la Constitución de 1861, por la cual se independizaba el poder legislativo del ejecutivo; se volvía a suprimir la pena de muerte por delitos políticos y por delitos comunes; y se secularizó la enseñanza; entre otros aspectos. Ese órgano colegiado, finalmente, con 42 votos a favor de los 51 presentes, eligió a Ignacio de Veintemilla y Villacís como Presidente de la República; toma posesión del cargo el 21 de abril de 1878, en la catedral de Ambato (Espinosa, 2003).

Su actuación gubernamental fue un ejercicio constante de supervivencia política, que se reflejaba en temas específicos, como la construcción del ferrocarril que iba de Guayaquil a las orillas del río Chimbo –que, según advierte Tartarini, fue mal concebida–; la implementación de los primeros tranvías de tracción animal (Tartarini, 2005); el mejoramiento del sistema aduanal; el adecentamiento del Malecón; entre otras que buscaban alagar y controlar a la oligarquía porteña.

Estas acciones, entre otras, fueron alejando al Presidente Ignacio de Veintemilla y Villacís de la entente liberal, y le aproximó a los grupos conservadores –prueba de ello fue la fundación de la Beneficencia de Guayaquil–, suavizando las relaciones con la Iglesia para lo cual aceptó la suscripción de un nuevo Concordato; instrumento clerical con base al cual articuló su apoyó al nombramiento del cuencano José Ignacio Ordóñez como Rígido Obispo con sede arzobispal en Quito (Robalino D., 1968).

La instauración de esta política populista por parte de Veintemilla, le permitió evadir inicialmente los problemas de tipo ideológico, favorecer a las clases dominantes y mantener al pueblo tranquilo con "Panem et Circenses", todo esto junto a la *compra de la lealtad del Ejercito* (Espinosa, 2003, pág. 64), que le permitió, al finalizar su mandato, provocar un autogolpe de Estado y proclamarse Jefe Supremo de la República (26 marzo de 1882), condición que fue avalada por Guayaquil, el 2 de abril de ese mismo año (Paladines, 1991).

La gestión poco transparente impresa durante su presidencia y posterior Jefatura Suprema, constituyó el detonante que provocó, paradójicamente, una coalición entre liberales y conservadores, que en julio de 1882 se alzaron en armas contra el dictador y tras poco más de un año de lucha (1883) sacan a Ignacio de Veintemilla y Villacís del poder --- los historiógrafos denominan a este período como "La Restauración" (Paladines, 1991).

En efecto, la Administración Veintemilla consiguió con su forma de gestión, en lo político, lo que el diálogo y la cultura política no habían alcanzado: que actores de reparto de distintas orientaciones ideológicas encontraran en la "oposición" el elemento de unidad, y en lo electivo la plataforma para adquirir protagonismo con alcance nacional.

En esta "fanesca política"[55] vamos a encontrar a personas como el esmeraldeño Luis Vargas Torres; el manabita, José

---

[55] Años más tarde (2007-2017) el Presidente Correa utiliza esta expresión en los siguientes términos: **Presidente Correa dice que marchas de oposición buscan "desgastar" al gobierno.** *Empieza mes difícil. Los de siempre y sus marchas. Ahora la supuesta 'izquierda radical' con la derecha más recalcitrante. La fanesca política en época de Cuaresma.* (Andes, 2015) El subrayado es nuestro

Eloy Alfaro Delgado; el machaleño José María Plácido Caamaño; el garciano, Francisco Javier Salazar; el General Agustín Guerrero; el Coronal Ezequiel Landázuri; el riobambeño, Pedro Lizarzaburu; entre otras célebres personas de la época que estaban ubicadas en diversos espectros ideológicos y diferentes confines de la patria. Guayaquil se había constituido en la sede desde donde Veintemilla se defendía.

El país enfrentaba nuevamente una división política del poder, que lo orilló a tener tres Gobiernos: el pentavirato quiteño, del 14 de enero al 15 de octubre de 1883, conformado por José María Plácido Caamaño, Luis Cordero, Agustín Guerrero, Pablo Herrera, y Rafael Pérez Pareja; la Jefatura Suprema de Manabí y Esmeraldas, del 5 de junio al 15 de octubre de 1883, a cargo de Eloy Alfaro Delgado; y la Jefatura Suprema de Guayaquil, del 10 de julio al 15 de octubre de 1883, manejada por Pedro Carbo (Ayala Mora, 1985).

Estas tres estructuras gubernativas decidieron convocar a elecciones, que se dieron el 11 de septiembre de 1883, e instaurar una Convención constituyente, que se reunió el 11 de octubre de ese año, y nombrar como Presidente Interino a José María Plácido Caamaño, quien ejerció ese cargo desde el 15 de octubre de 1883 al 10 de febrero de 1884. La Convención del 83 expidió la 10ma Constitución de la República que en palabras de *Don Julio Tobar Donoso, otorgó las libertades más preciadas: asociación, petición, sufragio, industria, enseñanza y pensamiento, respetando, en cuanto a la última, la religión, la decencia, la moral y la honra y sujetándose en estos casos a la responsabilidad legal* (Robalino D., 1968, pág. 61).

José María Plácido Caamaño toma juramento el 10 de febrero de 1884, representaba una posición de centro –era el resultado de la alianza entre los conservadores-centristas y los liberales-católicos- frente a los dos otros candidatos: José Eloy Alfaro Delgado, liberal-radical, y Camilo Ponce Ortíz, conservador. Plácido Caamaño resultaba ser el candidato de consenso por su convicción sobre el republicanismo, un antimilitarista activo, un defensor del Estado de Derecho y sobe todo, un hombre tolerante en lo religioso e ideológico. Se garantizaba gobernabilidad y tiempo de sanación nacional.[56]

La Restauración en manos de Plácido Caamaño tomó el estilo administrativo de García Moreno, guardando

---

[56] Como dato histórico, huelga mencionar que mientras ejercía el cargo de Gobernador durante la Administración de Luis Cordero, José María Plácido Caamaño ex Presidente de la República, fue acusado y culpado del delito de peculado por el negocio de la compra venta del crucero chileno Esmeraldas –caso que se conoció como la Venta de la Bandera-. Se exilió en Sevilla, España, donde murió el 31 de diciembre de 1900, en la pobreza (Albornoz, 2008)

la respectiva distancia en cuanto a lo formal. Fundó nuevas escuelas primarias, mejoró las existentes –a nivel primaria como secundaria- y creó las escuelas municipales; impulsó la investigación científica fortaleciendo la Escuela Politécnica –creó el Instituto de Ciencias-, reabrió el Observatorio Astronómico y fomentó el Protectorado Católico con la enseñanza de nuevos oficios. Dispuso se realice el trabajo de levantamiento de cartas geográficas y geológicas –que sirvieron como base para la educación sobre geografía y geología del Ecuador-; y, en las artes, inauguró el Teatro Nacional Sucre (Cuvi, 2009).

Su gestión en infraestructura se destacó por el contrato suscrito con la empresa Finley y Wiswell para la apertura de la trocha de la línea férrea Ibarra-San Lorenzo; y, con Marcos Kelly, para el ferrocarril Chimbo-Sibambe –obra esta última, que sólo logró concretarse en la ruta Durán-Yaguachi- (Tartarini, 2005); y la unión telegráfica entre Quito y Guayaquil; sustituyó el diezmo por un impuesto a la propiedad; expidió una ley monetaria; dio las bases para la colonización de Galápagos –lo realizó con la compañía Suizo-Escandinava de Colonización- y puso los cimientos de la Basílica del Voto Nacional (Espinosa, 2003).

En lo externo, su Administración suscribió el Convenio Espinoza-Bonifaz mediante el cual se ponía a consideración del Rey de España el problema suscitado, en 1886, entre Ecuador y Perú, para que en calidad de árbitro de derecho, zanje de manera definitiva e inapelable el impasse territorial producto del intento del Perú de pagar su deuda externa con terrenos amazónicos que constituían parte de territorio soberano del Ecuador (Núñez, 2001).

Las acciones de Gobierno de Plácido Caamaño lo habían conducido –según los liberales radicales- a alcanzar ententes con los grupos más conservadores, al advertir que las acciones emprendidas por el Jefe del Estado habían otorgado y consolidado al sector agroexportador (Acosta, 2001), y en ese sentido uno de los mayores exponentes del liberalismo radical, Luis Vargas Torres, justificó el primer levantamiento conocido como "La Campaña de los Chapulos" (Estrada, 1984) al señalar que el gobierno *estaba lejos de una administración justa, honrada y progresista.* [Que el Gobierno había...] *desvanecido las esperanzas que se tenían sobre el buen porvenir de la República* (Espinosa, 2003, pág. 69).

Se evidenció, con ese hecho, el agotamiento del Gobierno de Plácido Caamaño, que debía enfrentar en lo estratégico una guerra de guerrilla, y por tanto la represión estatal fue grande en los medios y las formas; para muestra está la reforma introducida a la Constitución de 1884, en la cual se legalizan las figuras del exilio y la pena de muerte como recursos legítimos en su lucha contra "Las Montoneras".

Aprovechando el escenario que creaba La Restauración, aparece en el tablero político un personaje cuya vida la había hecho básicamente en el exterior: Antonio Flores Jijón. Fue Diputado por Pichincha en la Convención de 1883, y con Plácido Caamaño –quien era su cuñado- fue Ministro Plenipotenciario en Europa, participando en las negociaciones con la Santa Sede para sustituir el diezmo por el impuesto a la propiedad; así como, participó con plenos poderes suscribiendo el Tratado de Amistad, Comercio y Navegación con Francia, que en materia de derechos resulta importante, ya que en el *artículo 26 de ese Tratado contenía un reconocimiento explícito de la soberanía ecuatoriana en las Islas Galápagos* (Luna Tobar, 1997, pág. 137).

Mientras se encontraba en París, el propio Presidente Caamaño advirtiendo el escenario político que vivía y las luchas internas que volvían a reeditar la confrontación ideológica conservadora y liberal, con un nuevo componente de corte nacionalista "Las Montoneras", proclama la candidatura de Antonio Flores Jijón para el período 1888-1892, hecho que a pesar de la ubicación geográfica del nominado, no impidió que se hiciese con la Presidencia, y que gobernara del 17 de agosto de 1888 al 10 de junio de 1892 (Stornaiolo, 1999).

Aupado por el Partido Republicano, que se lo conocía como Progresista –de orientación conservador moderado-, buscó la pacificación de la República y la gobernanza con base a la razón y la Ley.

En lo político dio muestras de ese objetivo, dando amnistía a los montoneros y ofertando tolerancia a los miembros de la oposición. En lo programático su gobierno definió cuatro puntos de gestión: educación, comunicaciones, recuperación del crédito público y migración extranjera. Esta propuesta y su implementación permitieron que su Administración goce de aprecio por parte de los liberales y liberales-radicales; aunque los grupos conservadores más sectarios abrieron un frente, en especial la jerarquía eclesiástica nacional, por su participación en las negociaciones sobre el diezmo y su decisión de sustituirlo (Ayala Mora, 1985). Esta oposición fue controlada desde el Vaticano con la intervención directa del Papa León XIII, cuya mediación moderó el ataque y defendió al Presidente.

De los puntos relacionados con la comunicación y la recuperación del crédito público, la Administración Flores Jijón renegoció la deuda y logró consolidarla (Acosta, 2001); asimismo, obtuvo préstamos frescos que los destinó a los trabajo del ferrocarril de Guayaquil a Quito y complementó los trabajos iniciados en la ruta Durán-Yaguachi con la construcción del tramo Chimbo-Riobamba (Tartarini, 2005).

En el frente externo y por solicitud del Ecuador, considerando el Tratado de Arbitraje Espinosa-Bonifaz, se llevaron a cabo negociaciones directas para el arreglo de las cuestiones pendientes en materia de límites, y cuyo resultado fue la suscripción del Tratado Herrera-García en 1890, por el cual el país renunciaba a una porción de su territorio, pero conservaba el acceso directo al Marañón entre el Chinchipe y el Pastaza (Luna Tobar, 1997). Este instrumento fue aprobado por el Congreso ecuatoriano de manera inmediata, mientras que el peruano lo hizo un año más tarde y modificando aspectos sustantivos del mismo, lo que provocó que el Congreso ecuatoriano en 1894 retirara la aprobación dada cuatro año antes (López Contreras, 2004).

Las apetencias políticas hicieron su despliegue electoral un año antes de la fecha prevista para el fin del mandato de Flores Jijón (1892); Azogues/Cañar se adelantan en un ejercicio de precampaña y postulan al General Francisco Javier Salazar Arboleda, quien en su momento colaboró con García Moreno como Ministro de Guerra y Marina (Ortiz B., 2006) y quien en la Administración Flores Jijón, ejerció el cargo de Ministro del Interior y de Relaciones Exteriores. Para cumplir con los aspectos logísticos de su candidatura, Salazar Arboleda renuncia al cargo *en 1891 y sale en campaña política, pero estando en Guayaquil fue violentamente acometido de fiebre amarilla y murió a las cuatro de la tarde del 21 de*

Septiembre, de escasos 67 años de edad (Pérez Pimentel, 2005, pág. 2).

Su repentina muerte hace que los patrocinadores de Salazar Arboleda –Ramón Borrero y José María Plácido Caamaño– busquen un inmediato reemplazo, para evitar la pérdida del capital político acumulado por el difunto, quien debía terciar contra el conservador Camilo Ponce Ortíz, al que se le conocía como "El Candidato Popular". En ese escenario, se postula al progresista Luis Cordero Crespo, miembro del Partido Unión Republicana y quien otrora fuere parte del pentavirato o Gobierno de la Restauración de 1883.

En enero de 1892 se llevan a cabo las elecciones presidenciales, y Luis Cordero Crespo, con 36.557 votos, que equivalía al 58.1% vence a Camilo Ponce Ortíz, quien obtuvo 26.321 votos, que representaba el 41.8%, de una demografía electoral de 62.878 votantes (Marchán Vélez, 1996).

Luis Cordero Crespo, décimo cuarto presidente de la República asume el cargo el 1 de julio de 1892 hasta su separación –renuncia– del mismo, el jueves 16 de abril de 1895, tras el incidente del día anterior, *Miércoles Santo 15 de Abril de 1895* [...cuando...] *se sublevó la unidad militar en Quito al grito de "Viva Camilo Ponce". Después se supo que hasta se había planeado el asesinato del Presidente al momento de concurrir a los Oficios religiosos de la Catedral, como católico practicante que era. Cordero tuvo que salir a las calles acompañado de sus hijos y se les vio combatir con el arma al brazo por varias horas, codeándose con sus leales defensores de la Constitución. En las calles quedaron más de un centenar de muertos* (Pérez Pimentel, 2005, pág. 2), dejando la Administración del Gobierno a su Vicepresidente Vicente Lucio Salazar y Cabal[57], quien en 1894 había ascendido a dicha dignidad tras la renuncia de Pablo Herrera González –binomio electoral de Cordero Crespo, en las elecciones de 1892-.

Su gestión se desarrolló en la lógica de mantener, a través de una buena gerencia, el estado de situación que vivía el Ecuador; sin embargo, un hecho oscurece su trajinar en la Administración del Estado: el caso de la Venta de la Bandera.

En cualquier caso, la historia ubica el hecho de la Venta de la Bandera dentro de su período presidencial; hecho que se produjo a finales de 1895: [...noviembre...] *China*

---

[57] Fue colaborador del Presidente Gabriel García Moreno, como Ministro de Cuentas o Hacienda. Asimismo, durante la Junta de Gobierno Provisional, conocida como Pentavirato, colaboró en esa misma función; y entre 1884 y 1888, formó parte del Gabinete de José María Plácido Caamaño. Fue Senador y Presidente de la Cámara del Senado en 1892. En 1893, el presidente Cordero lo escogió como Ministro del Interior y de Relaciones Exteriores; y fue vicepresidente en 1894 de Luis Cordero Crespo, hasta que éste renuncia y asume la Jefatura del Gobierno (Hallo, 2005).

y Japón se encontraban en guerra, y Japón necesitaba con urgencia y eficacia conseguir armas de guerra para poder defenderse. Al ser notificado de dicha guerra, el gobierno ecuatoriano se declaró ni neutral ni beligerante, pues no tenía mucho interés en ese tema. Chile se declaró neutral. Sin embargo, el gobierno de ese país quería vender a Japón el crucero de guerra Esmeralda, acción reñida con su neutralidad declarada. Entonces, para consumar su propósito, los chilenos vendieron el buque de guerra al gobernador de Guayaquil, José María Plácido Caamaño, quien luego lo vendió a Japón (Muñoz Vicuña, 1987, pág. 37).

Como era de esperarse la Venta de la Bandera tuvo un efecto aglutinador en la política nacional, uniendo a conservadores y liberales; los primeros clamando por un cambio de Gobierno, mientras que los segundos, buscando una "revolución". En ese contexto, el Jefe de Estado en funciones, Vicente Lucio Salazar y Cabal ante su deterioro de salud y las presiones provocadas por la conflictividad, convoca a elecciones ese mismo año.

El proceso electoral tuvo ribetes inesperados: en Quito ganaba Darío Morla[58] sobre José Eloy Alfaro Delgado; mientras que *en Guayaquil, el pueblo arrojó las urnas a la ría*

---

[58] Hacendado cacaotero y representante del grupo denominado "El Gran Cacao", que aglutinaba a conservadores de Quito, Guayaquil y Cuenca. Fue Ministro de Agricultura y Beneficencia, de la Administración de Vicente Lucio Salazar. (Núñez Sánchez, 2014).

[...desatando...] *una lucha de sangre, ideas y modos de entender la vida* (Espinosa, 2003, pág. 78). El litoral ecuatoriano se decantaba por la propuesta liberal-alfarista; mientras la sierra, luchaba internamente entre la propuesta liberal y la tesis conservadora, esta última aupada por la Iglesia.

El país volvía a editar viejas luchas con viejos actores; la nación enfrenta unas luchas caudillistas sectorizadas: en Esmeraldas, con Carlos Concha Torres; en El Oro, con Manuel Serrano; desde Riobamba, la ciudad se pronunciaba contra el Gobierno de Salazar; se produce el asalto a los cuartes en Guayaquil y el desconocimiento de la Administración Central por parte de una Junta de Notables porteños que, además, nombra Jefe Civil y Militar a Ignacio Robles. Finalmente, el 5 de junio de 1896, en Guayaquil, la Asamblea Popular –imponiéndose sobre la Junta de Notables– designa a José Eloy Alfaro Delgado como Jefe Supremo de la República.[59]

La nominación de Jefe Supremo de la República recae en José Eloy Alfaro Delgado, mientras éste se encontraba en Nicaragua –de negocios y exiliado-. El *General de las Derrotas*, como lo nomina Ayala Mora,

---

[59] *La burguesía, muy a regañadientes, tuvo que aceptar la dirección del peligroso caudillo* (Ayala Mora, 2016, pág. 1)

consolida su presencia en la Jefatura política del Estado, y articula la gestación y el alumbramiento de un segundo proyecto nacional, esta vez, desde la acera de enfrente: el liberalismo.

★ ★ ★

Capítulo VII
CRÓNICA DE UNA
FRAGMENTACIÓN ANUNCIADA

La revolución liberal hace un corte epistemológico dentro del proceso de desarrollo del Estado ecuatoriano, poniendo en el debate político *cuatro temas básicos* [...] *en la coyuntura entre 1895-1925: (i) la búsqueda de una integración más igualitaria de una sociedad, sobre la base de un pensamiento secular y modernizante; (ii) la integración material de la costa y la sierra; (iii) una mayor supeditación de los municipios al Estado central para desarrollar este programa modernizador; y, (iv) el inicio de un proceso organizativo de algunos sectores populares, atrapados todavía en el paradigma liberal-conservador* (Ramón Valareza & Torres Dávila, 2004, pág. 83); en términos más vernáculos: en lo interno, la relación con la iglesia, el ferrocarril y la obra pública; y, en lo externo, vaivenes respecto a la paz en las relaciones internacionales y la atracción de inversión externa directa.

Este proceso, en términos temporales, tuvo dos marcadas fases: la de mayor radicalidad, entre 1895 y 1912, durante la cual se enfatizó la secularización de la sociedad; se invocó la igualdad social; se promovió la integración material;

y, se discutió la industrialización del país. Esta etapa, que encuentra su punto de inflexión con el asesinato de José Eloy Alfaro Delgado, paradójicamente da nacimiento al liberalismo moderado, que articula la segunda fase, entre 1912 y 1925: que con base en la secularización −[justificación que...] *las élites costeñas* [...usaron para...] *arrebatar el control político e ideológico a la aristocracia serrana* (Ramón Valareza & Torres Dávila, 2004, pág. 83)− continuó con la integración material −contradictoriamente sin la base filosófica de la igualdad−; se acallaron las iniciativas de industrialización; y, el poder municipal retornó a manos de los caudillos locales (Ramón Valareza & Torres Dávila, 2004).

Tras el proceso revolucionario del 5 de junio, se instala en Guayaquil una Convención Nacional (9 octubre de 1896), misma que el 14 de enero de 1897, entrega una nueva Carta Política −la décimo primera− y elige y posesiona como Presidente Constitucional, en enero de 1897, a José Eloy Alfaro Delgado, dando inicio al primer período democrático liberal (del 17 de enero 1897 al 31 de agosto de 1901). Huelga mencionar esto, ya que no debemos olvidar que Alfaro ocupó la Jefatura del Estado como Jefe Supremo la primera vez del 5 de junio de 1895 al 9 de octubre de 1896; y, la segunda, del 16 de enero al 9 de octubre de 1906; y, como Presidente Interino, la primera vez, del 9 de octubre de 1896 al 17 de enero de 1897; y, la segunda, del 9 de octubre de 1906 al 1 de enero de 1907 (Espinosa,

2003). Su segundo período democrático lo desarrolla del 1 de enero de 1907 al 11 de agosto de 1911.

Le acompañaron como Vicepresidentes, Manuel Benigno Cueva Betancourt[60] [1897-1899] y Carlos Freile Zaldumbide[61] [1899-1901] (Pérez Pimentel, 2005); en el segundo período democrático [1907-1911], no tuvo acompañante en la Vicepresidencia, ya que la Constitución de 1906, suprimió dicha dignidad.

Alfaro Delgado, hombre de pensamiento liberal y humanista —virtudes que supo trasladar a toda su

---

[60] *En 1876 ocupó el cargo de Ministro de la Corte Superior de Justicia de Loja, durante el régimen del presidente Antonio Borrero y para la revolución de Veintemilla en Guayaquil formó parte de la legación acreditada ante el gobierno del Perú a fin de solicitar ayuda de dinero y en armas [...] En 1888 salió electo Senador por Loja durante el gobierno de Flores Jijón. [En 1889...] y con motivo de las discusiones acerca del Tratado Herrera-García, se formaron en el país numerosas Juntas Patrióticas y Cueva Betancourt presidió la de Loja. Para el negociado de la venta de la bandera en 1894 se movió ágilmente en su provincia y el 16 de Junio del 1895 logró que Loja fuera la primera provincia de la sierra en secundar el movimiento liberal del 5 de Junio en Guayaquil* (Pérez Pimentel, 2005).

[61] En sus inicios el Dr. Carlos Freile Zaldumbide se dedicó a la agricultura, llegando a ser un importante terrateniente de la sierra, siendo el pionero en la cría de vacas de raza "Holstein" en Ecuador. En 1895, tras el ingreso de José Eloy Alfaro Delgado a San Francisco de Quito, Fraile Zaldumbide fue designado Alcalde de la ciudad capital, cargo que lo ejerció entre el 13 de septiembre al 20 de diciembre de 1895, cuando pasó a ser Gobernador de la Provincia del Pichincha. En 1896 fue nombrado Ministro de Educación y en 1906 Presidente de la Asamblea Nacional (Gomezjurado Zevallos, 2015).

Administración-, buscó el desarrollo y el crecimiento del país afincando su gestión en dos criterios filosóficos: libertad y justicia.

La libertad, entendida como connatural al ser humano y articulada a través de una ética social, independiente de cualquier otra moral —en especial de aquellas provenientes de la religión-, que constituía la base conceptual que le permitió estructurar, promover e implementar la secularización del Estado y marcar la distancia que debía tener la Iglesia en asuntos políticos, públicos y educativos.

En lo referente a la justicia, sostenía que ésta era una obligación axiológica del Estado, por lo que debía crear y otorgar oportunidades para aquellas estructuras socio-económicas deprimidas (indios, negros, campesinos y clases populares) de modo que puedan alcanzar un mejor nivel de vida; ante el hecho de que estas estructuras sociales se veían forzadas a desenvolverse en una sociedad estamental heredada de la etapa colonial y replicada en el período republicano.

Este proceso de cambio estructural, que se articuló a través de esta Guerra Civil —que es lo que fue la Revolución Liberal- lo desarrolla a través de la implementación de la igualdad programática, incorporando *a la milicia insurgente y, luego en el ejército regular, a un número no precisado de nativos* [buscando igualar las] *condiciones sociales al exonerarlos de impuestos y derechos y al flexibilizar los términos de sus relaciones de trabajo* [cuyo modus operandi era el concertaje] (Prieto, 2004, pág. 32).

Este ejercicio de implementación de los principios liberales, lo articuló dentro de la construcción de un Estado unitario e integrado, que se desarrollaba con una *política de separación del Estado con la Iglesia Católica, que se concretó en la Ley de Patronato (1899) y el impulso a la trasformación de la estructura del régimen político ampliando los derechos sociales y políticos de los ecuatorianos.* [...poniendo...] *atención en el aumento de inversiones estatales tendientes a mejorar la capacitación y preparación de los recursos humanos* [...que se evidencia con...] *la promulgación de la Ley de Instrucción Pública* (Ojeda Segovia, 2000, pág. 4)

Las reformas implementadas por la Administración de Alfaro buscaron también dar al Estado un mayor control territorial y social, confiriendo al aparato burocrático central mayor influencia sobre los poderes locales –municipios- y regionales -caudillos-.

En lo socioeconómico sus acciones, como se menciona en los ejes programáticos supra, vinculaban de manera dinámica las regiones, a través de obras de infraestructura, entre las cuales se destaca la construcción del ferrocarril (Tartarini, 2005) y el inicio de la articulación agroexportadora de capital costeño con la agricultura y producción artesanal manufacturera serrana; estas acciones fueron complementadas con políticas de poblamiento y atención de la demanda de mano de obra del litoral, garantizando un flujo demográfico y laboral entre la Sierra y la Costa (Acosta, 2001).

No cabe duda que la Revolución Liberal asumió de modo sistemático la *reforma social* [de ese] *Ecuador decimonónico* [introduciendo] *la educación laica; se garantizó la educación pública, se expidió una legislación civil y se dictaron leyes que propendían a la promoción campesina, montubia e indígena. La nueva mentalidad nacional, así como la extensión de los derechos y garantías ciudadanas, quedaron reflejadas en las dos Constituciones liberales expedidas en 1897 y 1906* (Paz y Miño Cepeda, 2004, pág. 45).

La estructura normativa de 1897 con la cual José Eloy Alfaro Delgado gobernó, fue ajustada para atender los nuevos retos que el mismo liberalismo había desarrollado, dando paso a la adopción en 1906 de la 12da Constitución de la República, y a la cual los grupos conservadores denominaron "La Constitución Atea"; esta Carta Magna fue concebida bajo el pensamiento de José Peralta Serrano[62], quien en

---

[62] Miembro de la Asamblea Nacional Constituyente de 1896, instaurada en Guayaquil, en calidad de diputado por el Azuay. En septiembre de 1898, el Presidente José Eloy Alfaro Delgado, lo invita a participar en

la Convención de 1896-1897, como posteriormente en la de 1906, defendió de modo progresista rebatiendo, entre otras cosas, la creencia sobre la inferioridad racial de los indios, que —según sostenía— esencialmente negaba la idea de perfectibilidad y progreso humano, y en tal sentido, se volvía argumento por el cual se proscribía la tenencia y la propiedad de la tierra a ese grupo social (Prieto, 2004).

La Administración liberal se preocupó de la naciente clase obrera, permitiendo la constitución de sociedades de trabajadores entre 1896 y 1914; el gremio de carpinteros, en 1896 realizó la primera huelga, exigiendo la reducción de las jornadas de trabajo a 9 horas y un aumento salarial; para 1905 se funda la Confederación Obrera del Guayas, que organizó, en 1909, el "Primer Congreso Obrero Ecuatoriano" en el marco de las festividades del centenario del 10 de agosto; y, para 1922, llevó a cabo el Segundo Congreso (Paz y Miño Cepeda, 2004).

Huelga mencionar que este proceso de empoderamiento de derechos de la clase trabajadora, provocó inicialmente rechazo por parte de las estructuras existentes, como fue

su Administración como Ministerio de Relaciones Exteriores, función que desempeñó hasta el 31 de agosto de 1901. En ese año, declina su candidatura presidencial, evitando de esa manera un enfrentamiento entre liberales y conservadores, y convence al Presidente Alfaro a aceptar la candidatura de Leonidas Plaza (Cordero Iñíguez & Peralta, 1988).

la oposición adoptada en 1892 por la "Sociedad Artística e Industrial de Pichincha" (SAIP), que provocó que el Presidente José Eloy Alfaro Delgado, en 1896, la clausurara; y, admitiendo su reinstalación en 1904, cuya tendencia ideológica, para ese momento, era claramente liberal.

Para evitar conflictos políticos en función de la disparidad ideológica, por la clara tendencia mostrada por la SAIP, permitió la creación, en 1906, de una agrupación de corte conservador dentro del sector laboral: el "Centro Católico de Obreros" (Paz y Miño Cepeda, 2004).

Todas estas gestiones y acciones del Gobierno de Alfaro, indujeron a que los operadores políticos de la época, incorporen "la cuestión social" en sus agendas programáticas y en la oferta electoral.

Esta tendencia a reconocer la cuestión social como parte fundamental del quehacer político, incluso alcanzó al liberalismo moderado que, en septiembre de 1923, en el marco de su Asamblea, aprobó un Programa –que nunca fue implementado- que incluyó la garantía al derecho a la vida de los indígenas; reformas tributarias hasta lograr el sistema de impuesto a la renta; condenar la usura; la reforma agraria –contra el latifundismo, a través de repartición de la tierra-; condena al concertaje; reglamentación del trabajo; regulación de coaliciones, huelga y paros; establecimiento de tribunales de conciliación y arbitraje entre patronos y obreros; vivienda a bajo costo e higiénicas para la clase obrera; seguro obrero; intervencionismo del Estado; proteccionismo industrial; y una incipiente política de nacionalización de las fuentes de producción y reparto (Paz y Miño Cepeda, 2004).

La gestión del Gobierno en este Estado –que claramente había centrado su accionar en torno a la persona humana, por encima de las estructuras de poder político y económico hegemónicos que dominaban el escenario nacional desde su fundación–, provocó reacciones endógenas de la más diversa connotación, a las cuales se sumaron factores exógenos provenientes de su participación en el concierto internacional.

En lo externo, entre 1897 y 1900, numerosas invasiones armadas se registraron en la frontera con Colombia; pretensiones que venían siendo aupadas por clérigos de la iglesia católica del norte del país –conocida como *"Restauración Católica"* (Bastian, 2012)–, que fue contenida, en un ejercicio de filigrana política y perspectiva nacional, por el *Obispo de Ibarra, Federico González Suárez, cuando dirige una misiva a su Vicario, Dr. Alejandro Pasquel Monge, en la cual aconseja la no intervención del clero en política y reprobaba los esfuerzos que hacía el partido conservador* (Pérez Pimentel, 2005, pág. 1) ya que no era *moral sacrificar los intereses del*

Ecuador por querer salvar los de la Religión (Espinosa, 2003, pág. 84).

Por el sur, a través de un intercambio epistolar, Alfaro Delgado le informa a su homólogo peruano que, tras los acontecimientos políticos ocurridos en el Ecuador y la destitución del gobierno de Vicente Lucio Salazar, había sido proclamado –él– Jefe Supremo del Ecuador, el 4 de septiembre de 1895.

En ese contexto se aupó la cuestión limítrofe. El Canciller del Perú le comunica a su colega ecuatoriano que, el 25 de noviembre de 1895, el Congreso de su país aprobó la Convención Adicional de Arbitraje, firmada en Lima el 15 de diciembre de 1894, entre los Plenipotenciarios de Colombia, Ecuador y Perú.

En el Perú, el 8 de diciembre de 1899, Eduardo López de Romaña asume el ejercicio del Poder Ejecutivo, al finalizar el mandato de Piérola. El 8 de septiembre de 1903 hay cambio de gobierno; toma posesión y es juramentado Manuel Candamo, como Presidente del Perú. Acá y allá estaría presente la alternación bullanguera. Alfaro Delgado, el 31 de agosto de 1901, -ya lo dijimos supra- traslada el mando presidencial al General Leonidas Plaza Gutiérrez, quien se posesiona el primero de septiembre. Sin embargo de ese "ordenamiento" externo para la sucesión presidencial, la soterrada visión peruana recelaba frente a la inestabilidad política ecuatoriana "durante los últimos años"[63], en circunstancias en que ambas Partes habían canalizado sus tareas diplomáticas al compás impuesto por el arbitraje sometido a manos del Rey de España.

En el borde fronterizo, a lo largo de los años 1902 y 1903, se registraron varias escaramuzas originadas en la incursión ilegal a aguas ecuatorianas, así como debido a denuncias sobre abusos y arbitrariedades en el área vecinal. Enrarecido el ambiente, el Canciller Valverde propuso, el 23 de mayo de 1903, la celebración de un modus vivendi para dar solución pronta y feliz a las dificultades suscitadas en diversos puntos de nuestra vasta región oriental y especialmente en el bajo Napo. La propuesta fue aceptada.

En esas circunstancias, el Plenipotenciario peruano en el Ecuador, Melitón F. Porras, el 14 de octubre de 1903 se dirige al Canciller ecuatoriano Miguel Valverde para insistir en la reanudación del tratamiento del problema fronterizo a través del arbitraje. Adviértase que el 18 de agosto, en Bogotá, los representantes de Ecuador y Perú

---

[63] *El estado de agitación política en que se ha encontrado, durante los últimos años, la vecina República del Ecuador, lo ha impedido* [...al Perú...], *sin duda, proveer la legación que ha tenido siempre acreditada,* (MRE Perú, 1900, pág. xxxiv).

acreditados en Colombia, habían firmado una Convención de Arbitraje ad referéndum.

El 19 de febrero de 1904, en Quito, el Canciller Miguel Valverde y el Plenipotenciario Mariano H. Cornejo, suscriben un Protocolo[64] relativo al cumplimiento del Tratado de Arbitraje de 1887, mismo que se articuló mediante notas remitidas al Ministro de Estado español solicitándole al Real Arbitro que nuevamente ejerza esa función, por parte de los Ministros de Relaciones Exteriores del Ecuador y del Perú, Valverde y Pardo, respectivamente. La petición fue acogida por el Reino de España, el 27 de abril de 1904[65].

Los incidentes en la frontera iban creciendo. El 24 de enero de 1905 se firma en Quito un convenio para el retiro de las fuerzas militares de ambos países apostadas en el Cononaco. No obstante, los incidentes civiles y militares en la franja fronteriza se convirtieron *lato sensu* en eventos recurrentes, a punto tal que el Plenipotenciario argentino acreditado en Lima, el 14 de octubre de 1905, formalmente interpuso

---

[64] *Poco después, supo* [...el Comisario Regio...] *con asombro la estratagema de que se había valido Cornejo para arrastrar a Valverde* [...] *a aquel paso desafortunado* (Tobar Donoso, 1945, pág. 52).

[65] Por este modo, Ecuador aceptaba la continuación del arbitraje de España, convenido en 1887, modificando su posición tradicional de equidad contenida en el Tratado Herrera-García de 1890.

buenos oficios para que los gobiernos de Ecuador y Perú lleguen a un acuerdo que evite nuevos conflictos.

El plenipotenciario del Ecuador, Honorato Vázquez, el 18 de noviembre de 1906, entrega en Madrid a las autoridades españolas la "Exposición ante S. M. C. Don Alfonso XIII de la Demanda de la República del Ecuador contra el Perú sobre límites territoriales". Simultáneamente, en acto separado, a través de sus representantes Felipe de Osma y Mariano H. Cornejo, el Perú presenta su Memoria.

El 17 de diciembre de 1908 se conocen las gestiones realizadas por Ecuador y Perú para demandar a España la más rápida expedición del laudo arbitral. El Canciller peruano, el 16 de junio de 1909, anuncia al diplomático ecuatoriano en Lima, que por información transmitida desde Madrid por la Legación peruana, sabe que el Consejo de Estado ha emitido ya su dictamen en el juicio de límites sometido a arbitraje del Rey de España.

El nivel de las relaciones bilaterales había caído a un rango muy frágil e inquietante. Ambos países ante el desborde de los hechos aceptaron la mediación conjunta ofrecida el 22 de mayo de 1910, por Argentina, Brasil y Estados Unidos de América, para la suspensión de los preparativos bélicos y el retiro de las fuerzas de los dos países a la frontera.

El 24 de noviembre de 1910 se inhibe al Árbitro Real de seguir conociendo el litigio ecuatoriano-peruano que se había sometido a arbitraje.

Por otro lado, en el ámbito nacional, el proyecto integrador también se veía truncado por falta de financiamiento, en especial la obra que el Gobierno de García Moreno había iniciado en 1872 –la primera locomotora rodó el 18 de julio de 1873- (Tartarini, 2005), para unificar físicamente la sierra y la costa. Esta iniciativa, logró obtener inversión gracias a la intermediación de Archer Harman y Edward Morely[66], quienes viabilizaron financieramente la suscripción del contrato[67], que se firmó en junio de 1897,

---

[66] Archer Harman y Edward Morely, eran empresarios estadounidenses que presentaron al Presidente Eloy Alfaro una fórmula para conseguir el dinero que hacía falta y que la banca internacional se reusaba otorgar, frente al no honramiento de la deuda externa. La fórmula presentada por Harman y Morely se basaba en que Ecuador podía comprar una parte de su propia deuda, y reemplazar el resto con bonos del ferrocarril. La transacción y negociación se realizó con la banca londinense a través de los señores Harman y Morely, obteniéndose una nueva línea crediticia, al tiempo de lograr su cometido: la realización de la obra del ferrocarril (Zapater, 2003).

[67] Ante el hecho cierto de financiamiento, el Presidente Alfaro aceptó firmar un contrato con la empresa "Guayaquil and Quito Railway Co." de Harman y Morely; lo que provocó que sus enemigos acusen al Jefe del Estado de corrupción, ante el ofrecimiento de los empresarios estadounidenses de traspasarle 3,5 millones de pesos en acciones; transacción que Alfaro no aceptó, y que en su lugar, ordenó que ese monto sea traspasado al Estado ecuatoriano (Gartelmann, 2008).

y con ello se dio inicio al trabajo de la construcción del ferrocarril Guayaquil – Quito.

Huelga mencionar que por la envergadura del proyecto, y las connotaciones políticas, el contrato fue tema de discusiones y negociaciones con el Congreso –que sostenía que los términos contractuales eran lesivos para el Estado- (Gartelmann, 2008). Finalmente, el legislativo da su visto bueno y la obra arranca el 10 de julio de 1899 y concluye el 25 de julio de 1908, con el arribo del tren a su última estación en Chimbacalle, en las afueras de Quito (Tartarini, 2005).

La implementación definitiva de un modelo unitarista y centralizado de organización estatal fue un tarea larga y compleja [...] que sólo se consolidó a partir de 1929 (García Jordán, y otros, 2000, pág. 221).

Sin embargo, las acciones, con miras a consolidar este modelo, emprendidas en la educación fueron sustanciales, y en ese ámbito vemos la promulgación de la Ley de Instrucción de 1897 –introducen el laicismo, gratuidad y obligatoriedad de la educación primaria-; la inauguración de los colegios normales para maestros; y, la fundación del Colegio Nacional Mejía. En lo fiscal y económico, entregó el ejercicio de recaudación a una compañía privada: la Sociedad de Crédito Público; y, adoptó el patrón oro como base del sistema cambiario, con lo que se normó, de manera referencial, el comercio exterior.

En seguridad, implementó *la entrega de títulos comunales* [...con lo que supo articular...] *un mecanismo de seguridad nacional y de defensa territorial* (Almeida, 1991, p. 458), a lo cual se sumó la reorganización de las Fuerzas Armadas; y, en lo burocrático, abrió la administración pública a la clase media y admitió a las mujeres en las Oficinas del Estado.

Estos cambios en la matriz político-social y económica provenientes de la implementación de esta agenda liberal provocó, como podrá imaginarse, urticaria en las estructuras conservadoras, mismas que patrocinaban levantamientos que buscaban resquebrajar la paz interna, como los registrados en Riobamba (1897); Cuenca (1898); Taya y Guangoloma, Cotopaxi (1898); Sanacajas, Chimborazo (1899); y, Tulcán (1900).

En el marco de las escaramuzas de 1900, arranca el proceso electoral que constituyó el escenario en el cual se pudo advertir: primero, que el conservadurismo no contaba con un candidato a nivel nacional y único, que pudiera contrarrestar la agenda liberal que, para la fecha, ya había visto concretarse muchas de sus ofertas, y por tanto contaba con una aceptación mayoritaria; y, segundo, dejó ver que el frente liberal tenía dos corrientes conceptuales claramente diferenciadas: la una, encabezada por José Eloy Alfaro Delgado; y, la otra, por Leonidas Plaza Gutiérrez de Caviedes[68].

Sin embargo de esta dicotomía interna, el Presidente Alfaro se inclinó por la candidatura de su correligionario Plaza Gutiérrez de Caviedes, señalando que para él era *un sacrificio honroso prestar [...su...] apoyo a la nueva solución (apoyar a Plaza); pero [...que su...] obligación [...es...] hacer abnegadamente aquello que [...él creía...] conveniente al país* (Espinosa, 2003, pág. 86). Con ese respaldo, el General Leonidas Plaza Gutiérrez de Caviedes es electo Presidente de la República, e inicia su Administración el primero de septiembre de 1901 al 31 de agosto de 1905, acompañándole desde la Cartera de Relaciones Exteriores, el guayaquileño Alfredo Baquerizo Moreno[69]; en el Ministerio de lo Interior, José Luis Tamayo Terán[70]; y en el Ministerio de Guerra, el

---

[68] Huelga señalar que fue funcionario del régimen de Eloy Alfaro Delgado, ocupando el cargo de Gobernador de Loja y el Azuay; y diputado liberal, por Tungurahua, entre 1900 y 1901 (Pérez Pimentel, 2005).

[69] Pertenecía a la oligarquía de Guayaquil y se educa en los colegios San Vicente de su ciudad y el San Gabriel de los jesuitas de Quito. Su educación superior la realiza en la Universidad Central, en la que se graduó de abogado. Le sucedió en el puesto como Canciller, Miguel Valverde (Pérez Pimentel, 2005).

[70] En 1895 integró la Comisión que investigó el caso de "La Venta de la Bandera". Ocupó la jefatura Civil y Militar de Manabí al comienzo de la Revolución Liberal de 1895. Trabajó en la Jefatura Suprema de José Eloy Alfaro Delgado, como Ministro de lo Interior, aunque al poco tiempo renunció por desacuerdos con el Jefe del Estado en la defensa del

General Flavio Evaristo Alfaro Santana[71], quienes fueron sus hombres de confianza, en vista de que a la época regía la Constitución de 1897, que no contemplaba el cargo de Vicepresidente.

Las diferencias con José Eloy Alfaro Delgado se profundizaron por dos hechos específicos: primero, desde el ámbito personal, el incumplimiento de la promesa hecha por el Presidente Plaza Gutiérrez de Caviedes, de nombrar a su patrocinador como Comandante General del Ejército y la Gobernación del Guayas; y, segundo, desde lo ideológico, el ejercicio del Gobierno con un criterio liberal restringido, prescindiendo de los colaboradores de la Administración anterior, y rodeándose de influyentes personajes costeños y latifundistas serranos (Espinosa, 2003).

Sin embargo, supo mantener el criterio de secularización, aunque en lo socio-económico, fue muy cauto respecto a introducir cambios en el ordenamiento estamental y alterar los parámetros existentes sobre la distribución de la riqueza.

---

derecho a la libertad de prensa. Fue elegido diputado por Esmeraldas en 1898. En 1899 y, también, en 1901, presidió el Senado (Pérez Pimentel, 2005).

[71] De acuerdo al periodista Simón Espinosa, *el General Flavio Alfaro,* [... era...] *hermano de Eloy y Ministro de Guerra de Plaza* (Espinosa, 2003, pág. 91); mientras que para el historiador Rodolfo Pérez Pimentel, *Flavio Evaristo Alfaro Santana,* [...era...] *hijo de Ildelfonso Alfaro Delgado y de Adela Santana* [...y...] *sobrino del Gral. Eloy Alfaro Delgado* (Pérez Pimentel, 2005, pág. 1).

Continuó con las obras de construcción del ferrocarril iniciadas por la Administración de Alfaro –a pesar de su cuestionamiento al contrato suscrito para el efecto-; dictó leyes relativas al matrimonio civil, el divorcio y el culto –esta última sustituye la Ley de Patronato-; en educación funda el colegio Vicente Rocafuerte en Guayaquil y los colegios normales Manuela Cañizares y Juan Montalvo, así como el Colegio Militar, el Conservatorio de Música en Quito, y en Riobamba el Colegio Vicente Maldonado, introduce la carrera de odontología en las facultades de medicina de las universidades en Quito, Guayaquil y Cuenca (Pérez Pimentel, 2005).

Para atender el sector de la salud crea el Consejo Superior de Higiene y la Liga contra la Tuberculosis; y en infraestructura, establece en Guayaquil la Empresa de Luz y Fuerza Eléctrica, y conformó la Empresa Nacional de Teléfonos (Pérez Pimentel, 2005).

En lo externo, la cuestión limítrofe, que fue una constante en la historia de nuestro país desde antes de la República, tuvo un manejo que no permitió la consolidación territorial y más bien se articulaba a través de escaramuzas y tensiones en sus fronteras: con el Perú, orilló al país a suscribir el Tratado Valverde-Cornejo; con Colombia, el Tratado Andrade-Betancourt; y, con Brasil, el Tratado Tobar Guarderas-Rio Branco. En palabras del Canciller Francisco Guarderas,

la política internacional ecuatoriana en esta hora [1902-1904]
tuvo algo de almoneda (remate público) y algo de pandemónium
(Espinosa, 2003, pág. 89).

El liberalismo, como hemos destacado, vio su primer
resquebrajamiento en las elecciones de 1900, con la asunción
de Plaza Gutiérrez y Caviedes a la Presidencia en 1901; pero
esta rasgadura mostró su real dimensión en 1905, con la
victoria electoral de Lizardo García Sorroza, que contó con
el apoyo de la Junta Liberal del Guayas, pero a quien José
Eloy Alfaro Delgado consideraba un enemigo de las ideas
progresistas por ser de dudosas convicciones y, en especial,
haber adoptado una posición contraria a la construcción
del ferrocarril.

En términos ideológicos, la victoria de Lizardo García
Sorroza, consolidó el "placismo" −término acuñado en
función de las políticas y posiciones adoptadas por Plaza
Gutiérrez de Caviedes− que era una versión y visión
oligárquica del liberalismo, sobre la cual los ortodoxos
liberales veían como expresión de claudicación
histórica y social de la verdadera revolución liberal.

Lizardo García Sorroza gobierna del 1 de septiembre de
1905 al 15 de enero de 1906. En esos tres meses y medio
de Gobierno, que lo desarrolló bajo la Constitución de
1897 −con el fin de mitigar la conflictividad abierta

con el ex Presidente Alfaro Delgado-, nombra como miembros de su Gabinete a liberales convencidos como Gonzalo S. Córdova, en el Ministerio de lo Interior; a Tomás C. Larrea, en el Ministerio de Guerra y Marina; y, a Juan Francisco Game, en el Ministerio de Hacienda. Asimismo, designa a Leonidas Plaza Gutiérrez, como Ministro Plenipotenciario en Washington (Espinosa, 2003); todo esto, con miras a quitar presión que en el tablero político nacional se había provocado, como se ha visto, no por la confrontación ideológica entre conservadores y liberales, sino por las lucha intestina dentro de las filas liberales.

Desde Guayaquil, donde residía José Eloy Alfaro Delgado y junto a él, la Junta Radical, se orquestaban conspiraciones contra el Presidente García Sorroza, arguyendo la defensa de los principios de la Revolución Liberal de 1895. Este grupo insurrecto contaba con fuerzas populares −capitalizado de la gestión de Alfaro (1895-1901)-, teóricos del radicalismo liberal −entre ellos, el más insigne: Peralta- y, un grupo de la burguesía cuyos intereses se veían articulados en la propuesta de desarrollo industrial nacional.

El último día de 1905, mientras *la juventud de la época* [… disfrutaba…] *de una fiesta feérica el baile de fantasía que ofreció don Lizardo García en la mansión presidencial, la noche del 31 de diciembre… en la segunda o tercera hora del nuevo año, circuló entre la "alegría y confiada" concurrencia, la noticia de que se había producido una sublevación de cuarteles en Riobamba, al grito de viva Alfaro!* (Pino de Izaza, y otros, 1960, pág. 493). La defección se había concretado y había encontrado eco a lo largo de todo el país, permitiendo que José Eloy Alfaro Delgado, *frente a sus tropas,* [...entrara...] *a Quito el 17 de enero de 1906, e inmediatamente* [...constituyera...] *un Gabinete* (Pino de Izaza, y otros, 1960, pág. 495) y comenzara así, el segundo alfarismo.

El General José Eloy Alfaro Delgado asume la Jefatura Suprema del Estado en enero, y la ejerce hasta octubre de ese año (1906). Durante ese lapso, instaura una Constituyente que, el 23 de diciembre de 1906, promulga la 12da Constitución de la República, misma a la cual, como se menciona supra, los conservadores la denominaron "La Atea" y que le sirvió como norma base para manejar el Estado en calidad de Presidente Interino hasta el 1ro de enero de 1907.

Su segundo período presidencial democrático corre desde ese primer día de enero de 1907 hasta el 11 de agosto de 1911; Jefatura del Estado que la ejerció sin contar con un Vicepresidente, ya que la Constitución de 1906, replicaba, de la Constitución precedente (1897), la inexistencia de ese cargo.

Los primeros años de su segundo gobierno se desarrollaron con fuerte oposición tanto de los operadores políticos conservadores, como de los liberales moderados; oposición que se manifestó en impopularidad, que se agravó tras el asesinato de Antonio Vega Muñoz[72] y el posterior saqueo de la ciudad de Loja por el Batallón "Vargas Torres"; hecho que contó con la aquiescencia de las autoridades alfaristas.

Estos excesos que se registraron en el segundo mandato constitucional de Alfaro Delgado, se debieron al hecho de que *había* [...un generalizado...] *descontento por los abusos*

---

[72] [...] *fue uno de los primeros en formar filas en el movimiento «Restaurador», e integrado a la expedición del Gral. Francisco Javier Salazar estuvo presente en las principales acciones de armas que se libraron en Quito, en enero de 1883. Poco tiempo después -en Guayaquil- tuvo actuación valerosa y heroica durante la batalla que el 9 de julio puso fin a la dictadura. Luego del triunfo restaurador y en reconocimiento a sus servicios militares, extraordinario valor y condiciones de mando, fue ascendido al grado de Coronel, que le fue ratificado por la Asamblea Nacional de 1884 [...] Al estallar en Guayaquil la Revolución Liberal del 5 de junio de 1895, se alineó en las filas constitucionalistas que respaldaban al Encargado del Poder Ejecutivo, Dr. Vicente Lucio Salazar, y se negó a entregar la plaza al liberalismo triunfante, reteniendo la ciudad para los conservadores [...] El 9 de diciembre [...1906...], al mando de una pequeña fuerza de setenta hombres se situó en el punto llamado Ayancay, a unos 18 km de Cuenca, donde sostuvo un bravo combate contra las huestes alfaristas comandadas por el Gral. Ulpiano Páez, quien sólo gracias a la gran superioridad de sus fuerzas pudo finalmente derrotarlo. El «Caudillo» fue tomado prisionero y llevado al día siguiente a Cuenca en medio de una fuerte escolta. Al entrar a la ciudad el pueblo se aglomeró para vitorear y saludar al militar que, aunque vencido, representaba la bravura y dignidad de su gente. De pronto sonó un disparo y el héroe cayó por tierra como fulminado por un rayo: Fue el 10 de diciembre de 1906.* (Avilés Pino, 2013, pág. 1)

del Ejército, cuyo liderazgo iba escurriéndose de las manos [...del Viejo Luchador...], *quien débil y achacoso, permitía que el poder se repartiera entre los favoritos y sus familias* (Espinosa, 2003, pág. 94).

El conservadurismo aprovechó la ocasión, y buscando legitimar acciones, acude a su oráculo primado, el conspicuo y nuevo arzobispo de Quito, Federico González Suárez, quien en ejercicio propio de esa inteligencia clerical *aconseja votar por personas capaces y patriotas.* [Sentencia utilizada por parte de la oposición para constituir...] *un Club Político Universitario para luchar por la libertad de sufragio en las elecciones del próximo congreso* (N.N., 2001).

El proceso electoral para elegir autoridades en el legislativo estuvo amañado. Esto incitó reacciones populares, así como posiciones a favor de los estudiantes universitarios que lideraban los reclamos, provocando que en abril de 1907 se produzca una gran confrontación que le significó a José Eloy Alfaro Delgado, en términos políticos, la pérdida del respaldo de las estructuras intelectuales que soportaban el proceso; e incluso, en junio de ese año, mientras el Presidente Alfaro visitaba Guayaquil, el intento de magnicidio en su contra.

Mientras estos hechos políticos se suscitaban, en lo referente al proyecto alfarista –unitario y centralizado- fue institucionalizándose: se consagró el laicismo en la educación, la familia y el Estado; se defendió la libertad de conciencia que implicó nivelar las demás religiones a la par de la católica; perfeccionó la independencia de los tres poderes del Estado −Ejecutivo, Legislativo y Judicial−; amplió las garantías ciudadanas; promulgó la Ley de Beneficencia −que se la conoció como: "De Manos Muertas"−; permitió la expansión del sector financiero, con la fundación del Banco del Pichincha (1906), Banco de Crédito (1909) y la Caja de Préstamos y Depósitos "La Filantrópica" (1908) en Guayaquil (Acosta, 2001); la creación de la Cruz Roja y la Sanidad Pública (1910); se inauguró el monumento a los Héroes de la Independencia en la Plaza Grande de Quito (1910); y, se fundó el Diario El Comercio (1906).

Huelga señalar que las fuerzas políticas conservadoras de la clase burguesa liberal de la sierra y la costa, a pesar de los avances alcanzados, no permitió cambios estructurales en relación con la tenencia de la tierra y de la distribución del ingreso; e incluso, la burguesía liberal que provenía del maridaje de la estructura comercial y la bancaria, se opuso rotundamente al fomento de la industria nacional, haciendo tabla rasa de la Ley de Protección Industrial promulgada por Alfaro en 1906, y la Ley de Marcas y Fábricas de 1908 (Acosta, 2001).

A pesar de la oposición y un exacerbado ejercicio de poder, hechos concretos permitieron que la popularidad del Viejo

Luchador mantenga niveles nacionales elevados, entre ellas la obra ferroviaria, con la llegada del tren a Quito el 25 de junio de 1908 y, el liderazgo en la contienda limítrofe con el Perú en 1910 –disputa que fue afrontada personalmente por el Presidente José Eloy Alfaro Delgado, y que contó con el apoyo de todas las Juntas Patrióticas Nacionales que se habían constituido para defender la heredad territorial; vale recordar que esta desavenencia no llegó a la confrontación, gracias a la intermediación de Argentina, Brasil y Estados Unidos–.

El año de 1910 fue importante a más del impasse con el Perú, por iniciarse una etapa electoral, en la cual, nuevamente, las fuerzas liberales encontraron un escenario de confrontación. Se postularon: Víctor Emilio Estrada Carmona, aupado por el Presidente José Eloy Alfaro Delgado; Alfredo Baquerizo Moreno, de pensamiento placista y con apoyo de una fracción conservadora; y, Flavio Evaristo Alfaro Santana, que representaba a los círculos militares-radicales-liberales.

El Presidente del Senado a la época, Carlos Freile Zaldumbide, convocó a elecciones en 1911; contienda en la cual triunfa Víctor Emilio Estrada Carmona sobre Flavio Evaristo Alfaro Santana y Alfredo Baquerizo Moreno.[73]

---

[73] Los resultados de las elecciones presidenciales de 1911 en el Ecuador fueron: en primer lugar, el candidato Emilio Estrada, del Partido Liberal, facción alfarista, con 103.024 votos, equivalente al 93.9%;

Con estos resultados se da inicio al Gobierno de Estrada Carmona el 1ro de septiembre de 1911, gestión que se vio interrumpida por su pronto deceso, el 21 de diciembre de ese mismo año (1911).

En vista de que en la Constitución vigente (1906), como se ha dejado anotado, no había el cargo de Vicepresidente, ante el fallecimiento del Presidente Estrada Carmona, asume el cargo, Carlos Freire Zaldumbide, Presidente del Senado. Su asunción al poder no evitó que las diferentes fracciones liberales entraran en pugna, mismas que vieron su punto más ígneo al suscitarse las declaraciones de Jefatura Suprema en Esmeraldas, a favor de Flavio Alfaro –quien estaba viviendo en Panamá cuando recibió dicha nominación– y, en Guayaquil, a favor de Pedro Montero (Ayala Mora, 1988).

Con el fin de encontrar una solución negociada, se convoca a José Eloy Alfaro Delgado para que retorne al país –huelga recordar que en el corto cuatrimestre que gobernó Estrada Carmona, el Viejo Luchador fue exiliado a Panamá–, para que medie entre el Gobierno de Freire Zaldumbide y los Jefes Supremos Flavio Alfaro y Pedro Montero, que se

---

segundo lugar, el candidato Flavio Alfaro, del Partido Liberal, facción radical militar, con 3.708 votos, equivalente a 3.4%; y, tercer lugar, para el candidato Alfredo Baquerizo Moreno, del Partido Liberal, facción placista y apoyados por conservadores, con 2.583 votos, equivalente a 2.4%. Población votante: 109.663 (Nohlen, 1993, pág. 295)

habían aliado y hacían un frente común desde Guayaquil (Stornaiolo, 1999).

La intermediación del Viejo Luchador fracasó. La confrontación llevó a los dos insurgentes a enfrentarse a los Generales Leonidas Plaza y Julio Andrade. Estos dos oficiales del Gobierno vencieron en Huigra, Naranjito y finalmente en Yaguachi. La victoria del Gobierno obligó a que los sublevados hagan entrega pacífica de la ciudad de Guayaquil, hecho que pudo canalizarse gracias a la intermediación de los cónsules de Gran Bretaña y Estados Unidos (Troncoso, 1966).

En este punto se produce un hecho que Alfredo Pareja Diezcanseco, de manera novelada, describe en su obra "La Hoguera Bárbara", pero que en términos más historiográficos, lo relata Ayala Mora al señalar que *el arreglo* –refiriéndose a la intención de la intermediación de los Cónsules de Gran Bretaña y Estados Unidos– *no fue cumplido en su totalidad y Alfaro, Franco y otros jefes fueron tomados presos. Luego de un juicio agitado, Montero cayó asesinado. Los presos restantes* –José Eloy Alfaro Delgado, Flavio Evaristo Alfaro Santana, Medardo Alfaro Delgado, Ulpiano Páez, Manuel Serrano Renda y Luciano Corral Morillo– *fueron enviados a Quito. Una multitud enloquecida asaltó el Panóptico [...el 28 de enero de 1912...] donde se los había encarcelado. El Viejo Luchador y sus tenientes fueron asesinados y arrastrados luego por las calles hasta El Ejido, en donde se los incineró* (Ayala Mora, 1988, pág. 135).

Este actuar bárbaro −que describe el nivel de cultura política que se vivía−, constituye un magnicidio que se perpetró, entre otros aspectos, debido al pecado de omisión, al no decir nada, del prelado González Suárez, y los susurros con los que, los conservadores, nutrían en contra del Viejo Luchador y su proceso liberal radical. Pero lo sorprendente y paradójico fue que las acciones y articulaciones de este brutal asesinato, hubiesen provenido de las mismas filas liberales[74], provocando un proceso de desmontaje de la alternativa liberal como ideología y filosofía política, que se había impreso dentro del proceso de construcción del Estado y la identidad nacional.

★ ★ ★

---

[74] En la obra de Simón Espinosa, éste se remite a Ayala Mora al señalar que *sobre las responsabilidades del sangriento hecho y aunque no quedó éste nunca del todo claro, hay suficientes evidencias para pensar que Freile Zaldumbide y su Gobierno tuvieron criminal complicidad. No hay elementos suficientes para acusar a Plaza, pero es, en cambio, incuestionable que fueron los placistas junto a los conservadores y clérigos quienes azuzaron a la multitud enloquecida* (Espinosa, 2003, pág. 100)

Capítulo VIII
RASTROJOS LIBERALES Y PESPUNTES DE MODERNIZACIÓN

El asesinato del Viejo Luchador (1912), treinta y siete años después del magnicidio del Santo del Patíbulo (1875), constituyen hechos que en lo referente a la evolución política y construcción del Estado no fueron más que ejercicios de una brutal manifestación de los intereses de la clase dominante –política y económica de la sierra y la costa-, que veían en estos hombres de Estado un peligro inminente de pérdida de sus canonjías, desde su perspectiva pragmática más que ideológica. La oligarquía y los latifundistas tenían algo en común: poca visión y proyección histórica de este Ecuador, que buscaba el ser y deber ser; y, la necesidad de mantener la entente sierra/costa en un ejercicio draconiano y darwinista de repartirse de la mejor manera la hacienda.

Los liberales moderados habían echado los dados y, por casi tres lustros (1912-1925), se hicieron cargo del Estado ecuatoriano hasta el advenimiento del Golpe Militar de julio de 1925, que se presentó a sí mismo como un movimiento progresista, desplazando del poder al liberalismo burgués que desde la asunción de Leonidas Plaza Gutiérrez, tras la muerte de Alfaro Delgado, se ocupó de la Presidencia del 1ro de septiembre de 1912 al 31 de agosto de 1916; seguido de Alfredo Baquerizo Moreno, del 1ro septiembre de 1916 al 31 de agosto de 1920; y de José Luis Tamayo Terán, del 1ro de septiembre de 1920 al 31 de agosto de 1924, personajes todos éstos que se ufanaban de su liberalismo moderado –que más bien era ecléctico-, resultado de copular los intereses externos –de las metrópolis- e internos –de los agroexportadores-.

Estos tres gobiernos –burgueses/liberales-, a pesar de haber relegado a las clases comerciante y bancaria a un papel de reparto (Espinosa, 2003), articuló adecuadamente una relación con el sistema financiero, dando nacimiento a lo que se conoció como la "plutocracia" liberal (Núñez, 2006); en definitiva, el Estado que había logrado independizarse de la Iglesia, caía en el yugo de la banca.

Este ejercicio de equilibrio entre atender los intereses de la metrópoli y el de los agroexportadores, se desarrolló entre dos crisis: una exógena, la Gran Guerra (1914-1918) y, una endógena, la caída de la producción de cacao (Acosta, 2001); crisis que, sin embargo, fueron capeadas con bastante éxito por la estructura plutocrática inserta en el Estado, que en esa calistenia propia de la lógica de la oferta y la demanda, no tuvieron problema en aliarse con los grupos de oposición, impulsar algún grado de modernidad[75] en la estructura social que básicamente seguía siendo estamental y reprimir al sistema socio-político, si era necesario.

Los gobiernos de Plaza Gutiérrez, Baquerizo Moreno y Tamayo Terán, aduciendo su condición de "moderados", claudicaron ante la oligarquía costeña y latifundistas serrana, reestructurando la agenda liberal radical y ofreciendo seguridades en lo referente a la tenencia de la tierra y la distribución de la riqueza; el orden, en cuanto al control social y relaciones laborales; y detuvo el proceso del laicismo educativo, con lo cual redujo significativamente las tensiones con la Iglesia.

La Administración de Plaza Gutiérrez, tuvo que enfrentar desde Esmeraldas una revuelta −que los historiógrafos califican de revolución (Voionmaa, 2010)- encabezada por Carlos Concha Torres[76]; revuelta que se inició el 23 de septiembre de 1913 −al año de haber asumido el poder Plaza Gutiérrez-, y que concluyó tres años después (Septiembre

---

[75] Entendiéndose como ejecución de obras de infraestructura que facilite la actividad comercial y agroexportadora, pero sin que los beneficios puedan ser capitalizados por la gran masa de compatriotas, sino por los sectores oligárquicos y terratenientes de la Costa y la Sierra.

[76] Odontólogo, se destacó como militar, político y revolucionario liberal y formó parte de las huestes alfaristas. Durante la primera presidencia de José Eloy Alfaro Delgado, ocupó el cargo de Gobernador de la provincia de Esmeraldas, mismo que lo desempeñó desde 1897 a 1900 (El Comercio, 2015)

de 1916), con la amnistía a los revueltos, decretada por el Presidente Baquerizo Moreno –quien el primero de ese mes y año, asumía la Presidencia de la República, como medida para iniciar su gestión con algún grado de tranquilidad en la política nacional–.

Lo que sí se evidencia, es que no hubo aporte por parte de esta denominada "revolución" –entendiéndose como tal el cambio estructural–, en lo político, lo social, y lo económico; de hecho, no tuvo implicaciones ni siquiera como rebelión, simplemente fue un período de confrontación interna que provocó enfrentamientos entre el Gobierno y los rebeldes.

Lo que sí provocó fue un desgaste del erario nacional, aumentando la deuda del Gobierno con la Banca privada –que lo había financiado–, por los gastos devenidos de esta confrontación interna, a lo cual debe sumarse el impacto exógeno originado por la Gran Guerra que contrajo significativamente las exportaciones, a pesar de las medidas comerciales introducidas por el Gobierno que buscaban mantener las reservas de oro en el país a través de la promulgación de la Ley de Inconvertibilidad o Monetaria (Acosta, 2001); cuyo efecto directo fue el de ayudar a la Banca privada, en especial al Banco Comercial y Agrícola.

En el plano de las relaciones vecinales, Plaza Gutiérrez suscribió al final de su período de Gobierno (15 julio de

1916) el Tratado de Límites Muñoz-Vernaza, con Colombia; mientras que las relaciones con el Perú, mantenían el mismo talante que se había manifestado tras el impasse de 1910.

Vence en las elecciones de 1916, Alfredo Baquerizo Moreno –quien otrora fue Ministro de Relaciones Exteriores en la primera Administración de Plaza Gutiérrez-, sobre el candidato conservador Rafael María Arízaga.

Como se anotó supra, con el fin de administrar el país en un ambiente de menos confrontación, emitió la amnistía a favor de los revoltosos conchistas y continuó con el manejo gubernamental bajo la entente definida con la plutocracia y el criterio rector determinado por su antecesor en el cargo.

Baquerizo Moreno garantizó la propiedad y la riqueza a favor de los grupos dominantes; consolidó el orden social, introduciendo una reforma que abolió la prisión por deudas (1918)[77], cuyo efecto fue la eliminación progresiva del concertaje (Paz Y Miño Cepeda, 2011); y en lo ético-formativo, para evitar confrontaciones y

---

[77] Al respecto, analizando las circunstancias políticas y la dependencia económica que vivía el país con la banca privada, la abolición de la prisión por deudas fue más una medida adoptada por Baquerizo Moreno para librar a los grandes terratenientes endeudados con el sector financiero, con los cuales había asumido deudas en la lógica de incrementar sus tierras y atender la demanda externa de productos, sin percatarse del proceso de crisis que venía profundizándose desde 1916, más que una acción nacida de una visión social de beneficio popular.

levantamientos –recordemos la rebelión conchista-, introdujo algunas de las propuestas de la iglesia –que para entonces ya se veía influenciada por la doctrina social de los pontífices de la época- y modernizó algunos sectores, produciendo una dinámica social que diluía cualquier conflictividad. En definitiva, se robusteció el continuismo –liberalismo moderado- pero en esta ocasión con un manejo ilustrado.

En las relaciones con nuestros vecinos, le tocó implementar el Tratado de Límites suscrito con Colombia en 1916 (Muñoz-Vernaza-Suárez), con el cual el conurbano del norte obtuvo territorios entre los ríos Caquetá y Putumayo, a cambio de lo cual el Ecuador recibió acceso al rio Putumayo; huelga recordar que seis años más tarde, Colombia cedería a favor del Perú una parte de los territorios contemplados en el Tratado de 1916, con lo que la dimensión territorial del Ecuador iba circunscribiéndose, de hecho, entre los vecinos del norte y el sur, perdiendo contacto físico con el Brasil.

Este "tiempo entre conflictos" que vivió el país, permitió que políticamente los partidos vayan reformulándose y reestructurándose, y la actividad gubernamental, que seguía funcionando con base a la Constitución de 1906 "La Atea", permita un traspaso sin escollos de la Administración Baquerizo Moreno a la de José Luis Tamayo Terán, quien gobierna el país, del 1ro de septiembre de 1920 al 31 de agosto de 1924.

El continuismo liberal moderado se extendía. Tamayo Terán, que otrora fuera Ministro de lo Interior de José Eloy Alfaro Delgado, de quien se distanció por las políticas del Viejo Luchador respecto de la libertad de expresión, fue posteriormente Diputado y Presidente del Senado y durante la segunda presidencia de Alfaro Delgado, exiliado del país.

José Luis Tamayo Terán, colaborador del Presidente saliente, fue nominado candidato del partido liberal, y aupado por Baquerizo Moreno, y electo Jefe del Estado (1920), en elecciones que venció con el 99.1% de los votos (126.945); elecciones que terció contra otros dos liberales: Gonzalo Córdova, representante del liberalismo serrano, que obtuvo 722 votos (0.5%) y Enrique Baquerizo Moreno, representante del liberalismo costeño, que logró tener 124 votos (0.1%) de un total de votantes de 128.105 (Nohlen, 1993, pág. 296).

Independientemente de la posición política manifiesta de José Abel Castillo Albornoz[78], respecto de la Administración Tamayo Terán, el 17 de noviembre de 1922, en el periódico "El Telégrafo" de su propiedad, escribe sobre Tamayo Terán, y lo define como un *hombre honrado a carta cabal y de íntegros principios* [que] *siempre mereció el respeto de todos sus*

---

[78] Empresario guayaquileño de pensamiento liberal y precursor de la aviación en el Ecuador. Fue propietario de diario El Telégrafo e impulsor del periodismo nacional (La Hora, 2008).

conciudadanos mientras él paseaba a pie e iba y venía caminando desde el barrio del Salado hasta su estudio situado en las calles Nueve de Octubre y Pichincha (Espinosa, 2003, pág. 110), *los historiadores han juzgado a este Presidente a la luz de dos hechos sangrientos ocurridos en su mandato: la represión al saqueo de Guayaquil el 15 de noviembre de 1922 y la represión a los indios sublevados en la hacienda de Leito, provincia de Tungurahua, el 13 de noviembre de 1923* (Espinosa, 2003, pág. 109).

La Administración de Tamayo Terán tuvo que enfrentar la caída de la producción del cacao, que derivó en la crisis económica de 1922, y el incremento en el costo de la canasta básica en un 111,39% desde que asumió el poder en 1920 (Acosta, 2001).

Todas estas condiciones provocaron que el "tiempo entre conflictos" terminase y el descontento popular creciera por un lado, y por otro, aupados por las huestes conservadoras[79], en octubre de 1922, se declarara una huelga por parte de los trabajadores del "Guayaquil and Quito Railway", a la cual se pliegan inmediatamente los empleados de la "Luz y Fuerza Eléctrica y carros Urbanos" –dejando a la ciudad de Guayaquil sin electricidad por una semana–, la "Asociación

---

[79] *Enrique Baquerizo Moreno, Carlos Puig, José Vicente Trujillo, entre otros, manipularon las insurrección al incluir en los postulados de ésta la intervención del Gobierno en la venta de documentos financieros del exterior (incautación de giros) y en la baja del dólar* (Espinosa, 2003, pág. 111)

Gremial de Astilleros, y la "Sociedad de Tipógrafos", entre otras.

La represión implementada por el Gobierno de Tamayo Terán fue brutal; represión que es recogida en una obra literaria de Joaquín Gallegos Lara, titulada "Cruces sobre el agua". Este incidente se convertiría para la naciente estructura política de izquierda, en su bandera de lucha, dando nacimiento al sindicalismo marxista ecuatoriano (Ayala Mora, 1988).

A pesar de la crisis, la entente plutocrática seguía en pie y creciendo a través de la multiplicación de los bancos; aparecen entidades financieras como La Previsora, el Nacional de Crédito y el de Descuento en Guayaquil, el de Tungurahua y la Sociedad Bancaria de Chimborazo. También se multiplicaron los medios impresos, como: El Universo (1921), El Mercurio (1922) y La Prensa (1923). Se iniciaba un maridaje entre la estructura económica del país y los medios de comunicación social.

En las relaciones con el vecino del sur, Ecuador había apostado a los Estados Unidos como gran componedor, tema que se perfeccionó con el Protocolo Ponce-Castro Oyanguren (21 junio 1924), que tenía por objetivo que se subsane el tema limítrofe de manera amistosa.

En estos casi quince años se produjo, como se advierte, una recomposición ideológica y consolidación partidista por parte de los grupos conservadores, así como dentro del pensamiento liberal, que al introducir fundamentos marxistas, permitió el advenimiento del partido socialista en 1926; obligando a la plutocracia, frente a este hecho político, a buscar un nuevo actor de reparto que siendo liberal, pueda atender los intereses de la oligarquía costeña y terrateniente serrana –convertidos en propietarios de bancos– al tiempo de responder a las nuevas exigencias nacidas de las estructuras marxistas recientemente estrenadas. Con eso en mente, postulan a la presidencia de la República a Gonzalo Segundo Córdova y Rivera.

Cuando asume el poder Córdova y Rivera, el ambiente político nacional era convulso[80], lo que provocó que su Administración dure 10 meses (1ro de septiembre de 1924 al 9 de julio de 1925). Ejemplo del nivel de conflictividad existente fue el hecho que a las pocas semanas de iniciar su Gobierno, enfrentó una rebelión en Imbabura, aupada por las facciones conservadoras y liderada por Jacinto Jijón y Caamaño; así como arrostrar dentro de su Gobierno las posiciones adversas de personajes liberales como Luis

---

[80] *[...] la crisis económica, la oposición de los conservadores y de los modernizadores, su propia ideología de viejo cuño liberal, su mala salud, su terquedad y sobre todo el impacto de la represión de noviembre de 1922 en el espíritu de la oficialidad joven y progresista de las Fuerzas Armadas* (Espinosa, 2003, pág. 114)

Napoleón Dillon[81], quien era su Ministro de Hacienda, obligándolo a cambiarle por Alfonso Larrea (Díaz Cueva & Jurado Noboa, 1999).

Esta lucha de intereses y de primacía regional, caló profundamente en las mentes de la estructura militar, que a la época vivía una dicotomía existencial: entre el militarismo político, representado por el General Leonidas Plaza Gutiérrez, que tenía como objetivo una agenda ideológica; y, el militarismo profesional, encabezado por el General Francisco Gómez de la Torre, quien sostenía que las Fuerzas Armadas debían poseer como eje central la defensa de los altos intereses de los ecuatorianos, por lo que reivindicaba la necesidad de tener un "Ejército Nuevo"; se creó la Liga Militar, conformada por oficiales jóvenes que nutrían su base discursiva con postulados que les infundía un espíritu de renovación social y cambio económico (Lauderbaugh, 2012), con un fuerte sentimiento nacionalista.

Durante la Administración Córdova y Rivera, el Jefe de Estado, que por razones de salud tuvo que vivir en Guayaquil, le dio la oportunidad al Presidente del Senado, Alberto Guerrero Martínez, para hacerse, efectivamente,

---

[81] Su salida se debió, a más de la discrepancia con el Jefe del Estado, sobre todo a la oposición de la bancocracia costeña, que veía en la decisión de organizar la "Sociedad de Crédito Internacional" en Quito, para la emisión de moneda en la Sierra, una acción que atentaba directamente contra sus intereses monopólicos

del poder; quien adoptó dos decisiones que aunaron el proceso de descalabro de la situación política ya delicada: primero, el destierro de Jacinto Jijón y Caamaño y su lugarteniente, el Coronel Juan Manuel Lasso Carrión (febrero 1925); y, segundo, la adquisición del 75% de las acciones de la empresa de ferrocarril, presidiendo con ello la Junta de Accionistas (abril 1925) –para lo cual contó con la aprobación del Congreso de la época- (Arroyo del Rio, 1946).

El hecho que articuló, definitivamente, la denominada "Revolución Juliana" se produjo al conocerse que Brasil, Colombia y Perú habían suscrito el 24 de marzo de 1925 un Acta Tripartita, con el cual se consolidaban los términos del Tratado Salomón-Lozano, por el cual Colombia cedía a favor del Perú los territorios de la región nororiental que, en virtud del Tratado Muñoz-Vernaza-Suárez, el Ecuador había entregado a Colombia.

El 9 de julio de 1925, la Revolución Juliana –nombre que adquiere en función del mes en que se llevó a cabo el levantamiento- se concreta y, Gonzalo Segundo Córdova y Rivera, es apresado y desterrado (10 julio 1925) por la Junta Provisional Militar, encabezada por el Tnt. Crnl. Luis Telmo Paz y Miño. Esa Junta Provisional Militar, tuvo una existencia de seis horas. Le correspondió a la Junta Consultiva Militar reemplazar, la Junta Provisional Militar, sucesivamente por dos Juntas Provisionales de Gobierno[82], compuestas por cuatro miembros de la Sierra y tres de la Costa –que refleja el regionalismo imperante en la vida política nacional-, y a la cual se le confirió amplios poderes para reorganizar el Estado (Espinosa, 2003).

La Revolución Juliana *se produjo por el agotamiento del Estado Liberal* [constituyéndose en el hecho por el cual se culminan...] *las confrontaciones políticas del siglo XIX* (Paz y Miño Cepeda, 2002, pág. 71); la revolución –por las implicaciones estructurales de cambio que tuvo- se constituye en el "momentum" de modernización del Estado en términos de Nación, provocando una evolución de las dos premisas liberales[83] imperantes, a través de la adopción de *un nuevo "modelo" de Estado-Nación, basado en*

---

[82]   Primera Junta Provisional de Gobierno, compuesta por *Francisco Arízaga Luque, Francisco Boloña, José Rafael Bustamante, Luis Napoleón Dillon, Pedro Pablo Garaicoa, Gral. Francisco Gómez de la Torre y Gnrl. Moisés Oliva* [-este último reemplazado por-] *Modesto Larrea Jijón* [...que administró el Estado del...] *10 de julio de 1925 al nueve de enero de 1926.* Y, la segunda Junta Provisional de Gobierno, constituida por *Humberto Albornoz, Isidro Ayora, Pedro Pablo Egüez Baquerizo, José A. Gómez Gault, Adolfo Hidalgo Narváez, Julio E. Moreno y Homero Viteri Lafronte* [...que gobernaron del...] *10 de enero al 31 de marzo de 1926.* (Espinosa, 2003, pág. 117)

[83]   [primera,] *la reforma jurídico-política del Estado, para introducir la separación entre Iglesia y Estado, el laicismo, la secularización de la cultura, la legislación civil y la ampliación de los derechos y libertades individuales; [y, segunda] la libertad económica, basada en los principios de la libre empresa, considerada como el motor de la economía agroexportadora, comercial y financiera* (Paz y Miño Cepeda, 2011, pág. 72)

tres nuevas orientaciones: [Primera,...] *la imposición del interés de "la nación", representado precisamente por el Estado, sobre los "intereses privados", lo que significó una clara ruptura de los principios liberales anteriores;* [Segunda,...] *la imposición de la autoridad política, centralista e institucional del Estado, como aparato de expresión de "lo nacional", sobre los fraccionamientos regionales, sociales, partidistas o de grupo y sobre el juego de fuerzas tradicionales; y,* [Tercera,...] *la institucionalización de la "cuestión social ecuatoriana", como política de Estado que pasó a ser un rasgo nuevo en la constitución de la nación ecuatoriana* (Ojeda Segovia, 2000, pág. 6)

En definitiva, el modelo juliano intentó cambiar las bases del sistema y régimen oligárquico-terrateniente; aunque cabe mencionar que *el gobierno juliano no avanzó más allá de lo que hizo y quedaron pendientes múltiples tareas.* [Sin embargo la revolución juliana...] *instaló al Ecuador en el "siglo XX histórico" y, si se observa con agudeza, marcó profundamente, desde 1925, el inicio de un dialéctica histórica de larga duración en el Ecuador, que prácticamente se ha extendido hasta nuestros días. En esa dialéctica el papel del Estado, sobre todo en los órdenes económico y social, ha sido decisivo, mientras el "interés privado" se presentó constantemente como una fuerza contrapuesta a ese "intervencionismo"* (Paz y Miño Cepeda, 2002, pág. 75).

En este sentido, la revolución juliana −que ancló su pensamiento en la idea de igualdad, justicia y protección del hombre proletario-, no pasó de ser un movimiento anti sistémico —con manifestaciones anti oligárquicas-, al no articular estos objetivos con un proyecto que contara con espacios de co-existencia y co-habitabilidad de las estructuras de poder político y económico, como era la plutocracia.

Lo que si fue, es una instancia modernizadora del Estado, que adoptó medidas que buscaban, en lo normativo, revisar la Constitución —con miras a actualizarla y facilitar a este innovado Estado, su nuevo rol estructural en la sociedad ecuatoriana-; en lo social, creó el Ministerio de Previsión Social y Trabajo —en clara concordancia con el ideario de igualdad-; reanudó las negociaciones iniciadas por Córdova y Rivera, con Edwin W. Kemmerer, para remodelar, a través de una serie de propuestas, los sistemas monetarios, bancarios y fiscales (Gozzi & Tappatá, 2003); y estableció los Tribunales Populares para agilizar el quehacer de la justicia —instancias que fueron rápidamente disueltas por haberse transformado más en un instrumento de venganza que en una recurso de administración de justicia-.

El objetivo de la primera Junta Provisional de Gobierno —que formaba parte del ideario juliano- de unidad nacional y centralismo, constituyó elemento que exacerbó los sentimientos regionalistas, a lo cual se sumó la inoperancia gubernativa propia de una estructura pluripersonal —que dificultaba no solamente la toma de decisiones, sino la implementación de las mismas-, provocando que se agotara y se viera en la necesidad de instaurar una segunda Junta de Gobierno, el 10 de enero de 1926; Junta que por las mimas razones que agotó la existencia de la primera, vio terminada sus funciones el 31 de marzo de 1926 (Lauderbaugh, 2012).

En esas circunstancias, la Junta Consultiva Militar —conformada por el Alto Mando de las Fuerzas Armadas-, adopta la decisión de volver al esquema unipersonal de Administración, y *el 3 de abril de 1926,* [Isidro Ramón Ayora Cueva], *rector de la Universidad Central, Ministro de Bienestar Social de la* [segunda] *Junta, y prominente médico, le otorgan poder dictatorial* (Lauderbaugh, 2012, pág. 98)[84] nombrándole Presidente provisional, cargo que ocupa hasta su renuncia el 24 de agosto de 1931.

Resulta históricamente acertado señalar que Isidro Ramón Ayora Cueva fue el mejor representante del pensamiento "juliano" en el ejercicio del poder; mismo que lo ejerció sin apoyo partidario —tanto liberal como conservador, e incluso del naciente Partido Socialista Ecuatoriano (23 mayo de 1926), que no avalaban su nominación- pero con el pleno respaldo de las Fuerzas Armadas.

---

[84]   La traducción del párrafo es de responsabilidad de los autores.

La modernización que se articula en su Administración incluyó la implementación de los resultados de la Misión Kemmerer, misma que había arribado al país en octubre de 1926 y que a finales de febrero e inicios de marzo de 1927, presentaba sus recomendaciones que permitieron la creación del Banco Central del Ecuador, la Superintendencia de Bancos, la Contraloría General y la Caja de Pensiones, y el restablecimiento del patrón oro con la paridad de 5 sucres por dólar (Lauderbaugh, 2012).

En su condición eufemística de Presidente provisional, convoca a una Asamblea Constituyente (9 julio de 1928), que se instala el 9 de octubre de ese año. La Convención procede, el 9 de diciembre de 1928, a designar a Ayora Cueva como "Presidente Interino"; y, en marzo de 1929, ese órgano colegiado hace entrega de la 13ra Constitución del Ecuador en la cual se introducen cambios importantes como *la representación funcional en el Senado*[85]*, otorga el voto a la mujer, consagra el Habeas Corpus* [...limitación a la gran propiedad agrícola, igualdad entre los hijos, función social de la propiedad y representación de las minorías políticas y,...] *el 9 de ese mes* [-marzo de 1929-]*, la Constituyente elige Presidente a Ayora, cargo que sostendrá hasta el 27 de agosto de*

---

[85] *Senadurías funcionales* [...que...] *representaban los siguientes sectores: la prensa, la enseñanza primaria y normal, la educación secundaria y superior, las academias, la agricultura, la industria y los indios* (Espinosa, 2003, pág. 122).

1931 cuando por una serie de manifestaciones populares [...], se ve forzado a renunciar (Voionmaa, 2010, pág. 27).

En el ejercicio del poder, el Presidente Ayora Cueva, al no contar con el respaldo de los operadores políticos, buscó silenciarlos a través de limitar la libertad de prensa, clausurando medios como "El Guante" de Guayaquil y "El Día" de Quito; y volvió a expatriar al recién arribado de su exilio Jacinto Jijón y Caamaño, por ser parte de un grupo de conspiradores que, en marzo de 1927, intentaron proclamar una nueva jefatura de gobierno; junto a él es expatriado el General Francisco Gómez de la Torre.

La nueva Constitución (1929) reforzó el poder del legislativo en desmedro del ejecutivo. Este nuevo balance del poder provocó, en términos prácticos, que el Ejecutivo no pueda articular decisiones centralizadas de repartición de beneficios sociales, incapacitándolo para imponer orden y exigir el cumplimiento de las obligaciones solidarias. En definitiva, el ejecutivo quedó discapacitado y el legislativo habilitado para actuar de manera demagógica y manipular políticamente las entidades del Estado.

★ ★ ★

Capítulo IX
DESGARRADURAS AXIOLÓGICAS Y LAS PERSISTENTES PARADOJAS

La renuncia de Isidro Ramón Ayora Cueva (24 de agosto de 1931) se debió a factores internos y externos; en lo exógeno —cuyos efectos tuvieron eco en lo interno-, la economía ecuatoriana reflejaba las consecuencias de la "Gran Depresión" (1929) en su balanza comercial, que se tradujo en malestar de las estructuras oligárquicas y terratenientes agroexportadoras (Acosta, 2001).

En lo endógeno, se advierte el agotamiento del pensamiento juliano, por influjo de las estructuras conservadoras por un lado; y por otro, y sobre todo, por el quehacer discursivo —lucha de clases- del partido Socialista, que logró motivar a las masas e indisponer a las clases populares y campesinas, azuzando la lucha indígena, en contra del Gobierno.

En este mismo estadio, la denuncia de corrupción ante la concesión monopólica de la fabricación de "fósforos"[86]

---

[86] Huelga mencionar que para la época los fósforos eran considerados producto de primera necesidad, y el alza que realizó la empresa sueca

a la empresa sueca que se declaró en quiebra de modo fraudulento, y que había, previamente extendido una línea de crédito al Banco Hipotecario –que posteriormente se denominará de Fomento–, fue un hecho que puso un velo de cuestionamiento sobre la axiología del Jefe del Estado, a lo que se sumaron las acciones represivas adoptadas ante los levantamiento indígenas en Colta y Columbe en el Chimborazo, que se replicaron y multiplicaron a partir de 1930. (Ayala Mora, 1988)

A más de estas reacciones en lo social, debe considerarse que el agotamiento del modelo juliano también afectó a las estructuras administrativas internas del Estado, que se reflejó en la insurrección del Batallón Chimborazo (Agosto, 1931), cuya lectura política era obvia: el resquebrajamiento de la posición de las FFAA respecto de su apoyo a Ayora Cueva (Peñaherrera Padilla, 1991); la dimisión al cargo se volvió una acto de supervivencia.

Con base a la Constitución de 1929 –norma que regía y que replicaba algunas figuras de la Constitución precedente, como la inexistencia del Vicepresidente de la República–, le sucede en el cargo, en ausencia del titular de la Primera Magistratura, el Ministro de Gobierno (Echeverría &

---

de propiedad del señor Iván Kreuger, significó un golpe duro a las clases populares. Elevó el costo de la caja de fósforos de dos centavos y medio a diez centavos.

Montúfar, 2008), a la sazón Crnl. Luis Larrea Alba (24 de agosto al 15 de octubre de 1931), que buscó consolidar su nominación de manera equívoca –intentó disolver el Congreso-, lo que provocó como reacción el veto a su Encargaduría, tanto popular como de la casta política.

Después de un fugaz mandato del coronel Larrea Alba, [...,] *asume provisionalmente el poder el expresidente Alfredo Baquerizo Moreno* (Icaza, 2005, pág. 38) –a quien se le puede ubicar en la neo plutocracia-. En esa nueva condición, el Presidente encargado Baquerizo Moreno, recibió del Congreso dos tareas específicas: manejar la crisis y convocar a elecciones (Espinosa, 2003). En lo referente a la crisis económica, para palearla, adoptó medidas que tuvieron un efecto inflacionario, así como afectó al sector bancario y exportador al suspender el patrón oro –atentando contra el modelo monetario articulador de las exportaciones e importaciones-; y en relación con lo electoral, *convoca a elecciones para el 20 y 21 de octubre de 1931* (Icaza, 2005, pág. 31).

Estas medidas fueron capitalizadas por dos operadores políticos: el conservador, que vio su oportunidad, ante el fracaso del modelo liberal y del militarismo modernizador, nominando al serrano Neptalí Bonifaz Ascásubi[87]; y,

---

[87] Quiteño de orientación liberal-moderado, que ocupó el cargo de primer Presidente del Banco Central del Ecuador por pedido del Presidente

el socialista, que encontró el espacio adecuado para consolidar no sólo el discurso político marxista entre las estructuras sociales populares y obreras, dando paso a la posterior fundación del Partido Comunista Ecuatoriano (1931), además de haber influenciado profundamente en la literatura nacional, facilitando la evolución de obras de reivindicación social de autores como José de la Cuadra o Jorge Icaza, entre otros.

La elección presidencial se llevó a cabo en octubre de 1931, misma que fue considerada limpia y en la que se proclamó victorioso a Bonifaz Ascásubi, del Partido Conservador Ecuatoriano (PCE), con 27.042 votos (45.3%); seguido de Modesto Larrea Jijón, del Partido Liberal Radical Ecuatoriano (PLRE), con 19.442 votos (32.5%); e Idelfonso Mendoza, del Partido Socialista Ecuatoriano (PSE), con 12.565 votos (21.0%) (TSE, 1989, pág. 135).

La victoria conseguida en las urnas no fue un 'requiescat in pace', en vista de que debía esperarse el escrutinio del Congreso[88] a instalarse –según disponía la Constitución de 1929- después de un lapso de espera de 10 meses,

---

de la República Isidro Ramón Ayora Cueva, y quien desde un inicio mostró reticencia a las recomendaciones de la Misión Kemmerer (Espinosa, 2003).

[88] El Congreso de esa época, presidida por el liberal Alberto Guerrero, estaba dominado por facciones liberales, socialistas y anti-quiteñas (Rodríguez, 1987)

aumentándose significativamente la conflictividad política que se traducía en violencia callejera. Este tiempo entre tiempos, que tuvo que soportar Bonifaz Ascásubi, fue aprovechado para, sin dejar de reconocer su victoria en las elecciones, descalificarlo por no reunir, según sostenía la mayoría legislativa, los requisitos constitucionales para el cargo (Suárez Pasquel, 1984).

Así, *el 19 de agosto de 1932, en sesión reservada que se prolongó hasta la madrugada del día siguiente, 46 legisladores votaron por la descalificación, mientras que 38 lo hicieron por la calificación [...] del presidente Neptalí Bonifaz [...] Los congresistas de minoría publicaron un Manifiesto a la Nación en el que denunciaban el golpe de Estado de la Legislatura, destacando que apenas 8 votos había desconocido el legítimo pronunciamiento popular de decenas de miles [...] el 28 de agosto al grito de "¡Viva la Constitución!" cuatro batallones emplazados en Quito se sublevaron con el apoyo de la Compactación Obrera, la principal central sindical conservadora, y la poblada, en general, que buscó armas en los cuarteles [...] A las 08:45 del 29 de agosto inició un duelo de artillería en las inmediaciones del Panecillo que se fue generalizando. Hacia las 10:00 se combatía en los frentes sur, este y norte [...] empezó en Quito una batalla urbana que dejó cientos de muerto.* (Aspiazu Estrada, 2016)

El 30 al rayar el alba se reanudó la batalla en todo el perímetro del cerco. A las 11:00 sólo se combatía en los alrededores sino dentro de la ciudad con nutridos disparos de fusiles y ametralladoras desde ventanas y azoteas [...] *El 31 sería la jornada de mayor fragor y violencia al ampliarse la lucha urbana, con partidos de izquierdistas armados que atacaban desde la retaguardia los parapetos de los defensores* [...El 1 de septiembre...] *las fuerzas beligerantes reanudaron sus hostilidades hasta que temprano en horas de la tarde, se firmó un armisticio que reconocía que "no habría vencedores ni vencidos". Disponía el establecimiento de un nuevo régimen interino a cargo del presidente del Senado Alberto Guerrero Martínez, con el compromiso de convocar a nuevas elecciones* (Aspiazu Estrada, 2016).

Desde el análisis político, es pertinente en este punto destacar el criterio de Agustín Cueva Dávila, quien señala que esta guerra fue *una de las paradojas más tristes de nuestra historia* [...ya que...] *determinó que la primera reacción aparentemente 'popular' a la crisis fuese de signo derechista y que la insurrección de una tropa manipulada por el clero y los terratenientes tuviera que ser aplastada a sangre y fuego por los contingentes dirigidos por la oficialidad progresista* (Espinosa, 2003, pág. 125).

Este mismo hecho, desde una visión de praxis política, lo explica el Dr. José María Velasco Ibarra quien advierte en su obra 'Conciencia y Barbarie' sobre este mismo hecho, cómo *una mayoría de diputados sin conciencia, mediante una sola moción farisaica, burló una elección ya consumada, y quedó burlado el pueblo ecuatoriano* (Gomezjurado Zevallos, 2014, pág. 134).

Superado por los hechos y visto el nivel de confrontación que se esperaba, Alfredo Baquerizo Moreno renunció a la Encargaduría del Gobierno un día antes de la "Guerra de los 4 Días" el 27 de agosto de 1932, dejando la conducción del Estado y del tema a su Ministro de lo Interior, Carlos Freile Larrea, quien asume la Jefatura del Estado el 28 de agosto y para el 31 de ese mismo mes y año, renuncia al no tener la capacidad de encontrar una solución inmediata a las matanzas que se estaban generando en las calles de Quito. En esas condiciones, asume la dirección del Estado, Alberto Guerrero Martínez, a la sazón Presidente del Senado, con dos temas políticos prioritarios: impulsar la suscripción de un armisticio, con el cual se dé fin a las matanzas callejeras −armisticio que se firma el 1ro de septiembre de 1932-; y, convocar a elecciones presidenciales para octubre de ese año; ambas tareas las consuma de manera inmediata.

Las elecciones se desarrollaron el 30 y 31 de octubre de 1932, en las cuales Juan de Dios Martínez Mera, del Partido Liberal Radical Ecuatoriano (PLRE), se hizo con la Presidencia con 56.872 votos (71.0%); seguido de Manuel Sotomayor y Luna, del Partido Conservador Ecuatoriano con 16.212 votos (20.3%); Pablo Hannibal Vela, independiente con 6.093 votos (7.6%); y, Francisco Chiriboga Bustamante, independiente con 293 votos (1.1%), de una población votante de 80.058 (TSE, 1989). El Congreso Nacional escrutó los sufragios por mandato constitucional y proclamó presidente a Martínez Mera.

Juan de Dios Martínez Mera asume el poder el 5 de diciembre de 1932, y tras menos de un año de Gobierno es descalificado por el Congreso, obligándolo a renunciar el 19 de octubre de 1933; descalificación que provino del legislativo y que tuvo como autor intelectual y material al Dr. José María Velasco Ibarra, quien acusaba a Martínez Mera de *haber manejado con ineptitud la política internacional durante el conflicto de Leticia*[89] *entre Perú y Colombia* (Espinosa, 2003, pág. 128).

Independientemente de las acusaciones formuladas por Velasco Ibarra, lo cierto es que la conflictividad política tuvo su origen en la crisis económica que enfrentó el movimiento juliano (1925-1931), que provocó un vacío político que fue ocupado por el conservadurismo a través de

---

[89] Por el Tratado Muñoz-Vernaza-Suárez (1916) Colombia obtuvo de Ecuador extensas zonas de la región nororiental a cambio de un acceso directo al río Putumayo. En 1922 –seis años después del acuerdo bilateral colombo-ecuatoriano- Colombia canjeó con el Perú dicha zona a cambio de un corredor que le permitía tener salida al Amazonas –ese corredor tomó el nombre de trapecio de Leticia-. Después de 10 años (1932) tropas peruanas hicieron presencia efectiva de la zona que provocó la denominada Guerra de Leticia entre Perú y Colombia (Bákula, 1988)

la plutocracia y neo-plutocracia, respectivamente; volviendo el liberalismo a protagonizar la actividad política a partir de 1932, no exenta de enfrentamientos, que permitieron que la agenda liberal original tuviera alguna visibilidad en la vida política nacional.

Para capear la crisis —misma que estuvo omnipresente en las décadas de los treinta y cuarenta-, durante la Administración Martínez Mera se llevaron a cabo las elecciones de octubre de 1932 —que en el imaginario y 'wish of think' político, se desarrollaron con miras a crear un espacio de distensión- las que no marcaron el fin de un proceso de conflictividad sino que estamparon el inicio de una absoluta inestabilidad en la vida del país.

En lo económico y financiero, *comenzó el intervencionismo estatal en el Banco Central, alejándolo de sus lineamientos planteados por la Misión Kemmerer, también pidió una emisión del BCE de 15 millones para créditos, lo que hizo que las reservas del Banco Central disminuyeran aún más. Finalmente elimina el segundo patrón oro y declara al Banco Central como único depositario de divisas. También en [...otro...] decreto favorece a los deudores morosos de la banca con mayores plazos y menores tasas de interés. Los productos alternativos como cueros, cascarilla, sombreros de paja toquilla, no alcanzan a sustituir el principal producto; la década de los 30 es de recesión económica y sólo [...*

desde...] *1940 se comenzará la producción bananera y el boom que trae ésta a la economía ecuatoriana* (HEE, 2006).

En lo social esta crisis, de casi dos décadas, dejó algunas huellas importantes: con base a la filosofía impuesta por la Revolución Juliana (1925), *se institucionalizó la protección estatal de la "cuestión social", sentando bases para la contratación individual sujeta a las condiciones de la ley,* [...]. *Pero la resistencia de los grupos oligárquicos continuó visible ante el establecimiento de la jornada de 8 horas (inicialmente en 1916), la primera Ley de Accidentes del Trabajo (1928), el "sábado inglés" pagado (1934), la expedición del Código del Trabajo (1938)* [...en el cual...], *fueron consagrados importantes principios, que fundamentaron las relaciones laborales modernas* [...,] *y su interpretación se orientan, ante todo, a favor de los trabajadores,* [...] *los "contratos" derivados del concertaje fueron considerados "arrendamiento de servicios", según normas del Código Civil.* (HEE, 2006).

En lo cultural, se desarrolla *el relato plurirrealista, las artes plásticas, en especial la pintura y el grabado, y se crea la Casa de la Cultura Ecuatoriana el 9 de agosto de 1944* (Rodríguez Albán, 2015, pág. 154), con representantes de la literatura como la "Generación de los 30"[90], y los novelistas como Luis

---

[90] Escritores ecuatorianos de Guayaquil (José de la Cuadra, Joaquín Gallegos Lara, Demetrio Aguilera Malta, Enrique Gil Gilbert y Alfredo Pareja Diezcanseco), Quito (Fernando Chávez, Humberto Salvador, Jorge Fernández, Enrique Terán y Jorge Icaza) y el austro (Humberto Mata, Alfonso Cuesta y Cuesta, Ángel F. Rojas, y Pablo Palacio)

A. Martínez, Demetrio Aguilera Malta, Joaquín Gallegos Lara, Enrique Gil Gilbert, etc.

En lo político, se registra un total de 21 Jefes de Estado entre 1929 y 1947, de los cuales fueron: siete constitucionales; uno constitucional interino; uno presidente electo; nueve encargados del poder; dos Jefes Supremos; y, un dictador (Espinosa, 2003). En esa misma esfera vemos la recomposición de los operadores políticos, con la irrupción del Partido Comunista Ecuatoriano (1931) y, la reorganización del Partido Socialista que había alumbrado en 1926.

En definitiva, el país buscaba y necesitaba de orden y liderazgo. Las casi dos décadas de crisis habían horadado la institucionalidad y puesto en brete la construcción de la identidad nacional (Valdano, 2007) –tema que hasta la fecha no ha logrado edificarse-. Se ofrecía un balcón en cada pueblo de este 'País de Manuelito'[91], esperando que apareciera un Presidente.

Las desgarraduras axiológicas configuraban el escenario prevaleciente. En 1937 *por delegación del Ejército y con apoyo o la aquiescencia de los partidos de izquierda* (Robalino Davila,

---

[91]   Obra de ecuatoriano Alfonso Barrera Valverde, poeta, narrador, novelista, jurista y diplomático de carrera. Fue Ministro de Relaciones Exteriores en el gobierno de Jaime Roldós Aguilera.

1950), el señor ingeniero Federico Páez fue elevado al puesto de Jefe Supremo de la República. En el ejercicio del poder, convocó a una Asamblea Constituyente, *destinada a consagrarle Presidente Titular de la República, según las tradicionales prácticas de Jefes Supremos en el Ecuador* (Reyes, 1950, p. 227). A la par, de inmediato, blindó su gobierno con el nombramiento de un Gabinete Militar, en el cual se encontraba el general Alberto Enríquez, en calidad de Ministro de Defensa.

A los pocos meses de su administración, comenzaron a criticarle acerba y tenazmente. Emerge otra sublevación militar, apoyada por algunos elementos de las izquierdas, desde cuya tarima acribillaron al dictador a insultos y con acusaciones. Inopinadamente éste expidió una amedrentadora Ley de Seguridad Social, con severas y drásticas restricciones y sanciones.

Enríquez dio al traste con los ensueños de su amigo Páez (Reyes, 1950, p. 227). Tomó por asalto la Jefatura del Poder; le defenestró a Páez; y disolvió a la Asamblea Constituyente que fuera convocada por Páez en 1937; y en agosto de 1938, puso en marcha otra Asamblea, curiosamente compuesta en tercios por diputaciones de partidos: liberales, conservadores y socialistas. Paradójicamente, Enríquez renunció al poder ante esa misma Asamblea.

El torbellino político registra, en cortísimo tiempo, el monte y desmonte institucional constituyente. Con apuros y febriles ajetreos, llega a la Presidencia de la República, para el período 1938-1942, Luis Aurelio Mosquera Narváez. Disuelve la Asamblea electoral de 1938 y convoca a un Congreso Extraordinario, que se reunió el 1 de febrero de 1939, con el propósito de que examinase la situación política del país.

De repente, en la tarde del 14 de Noviembre, circuló por el país una noticia inesperada: el Presidente de la República acababa de ser víctima de un repentino ataque de uremia —según los datos oficiales- aunque en esferas médicas se habló, más bien, que se trataba de un suicidio con grandes dosis de nembutal.- Pocas horas después, en efecto, en la madrugada del 17 moría el Presidente [... Luis Aurelio Mosquera Narváez...] (Reyes, 1950, p. 227).

La inmediata sustitución fue salvada con arreglo a las disposiciones legales vigentes. ¿Pero, nos preguntamos, cuáles eran esas "disposiciones legales vigentes"? Fue la Constitución de 1906; es la conclusión a la que llega el Congreso Extraordinario al tratar de establecer la debida coordinación legal de la República.

★ ★ ★

Capítulo X
TEOLOGÍA MODERNIZADORA
AUPADA DESDE EL POPULISMO

Volvamos a inicio de la década de los años treinta. En el marco de la desestabilización democrática y crisis política que vivía el país, en ese trajinar de cambio de actores en el Palacio Nacional, Abelardo Montalvo, quien era el Ministro de lo Interior de Juan de Dios Martínez Mera, ocupa el cargo de Jefe de Estado interino, en las condiciones establecidas por la Constitución de 1929, ajustada a los desajustes del poder.

Abelardo Montalvo, quien fuese hombre del liberalismo radical que colaboró con José Eloy Alfaro Delgado como Alcalde de Quito en 1908, toma las riendas del Ejecutivo el 20 de octubre de 1933 y culmina su gestión el 31 de agosto de 1934.

Entre sus primeras gestiones al frente del Gobierno –con claro espíritu de supervivencia política-, y con el ánimo de apaciguar y ordenar el tablero convulso nacional, convoca a elecciones para noviembre (14 y 15) de 1934. En esta contienda electoral participaron José María Velasco Ibarra, como independiente con apoyo del Partido Conservador Ecuatoriano, obteniendo 51.248 votos (80.2%); Carlos Zambrano, del Partido Socialista Ecuatoriano, con 10.895 votos (17%); Colón Eloy Alfaro, del Partido Liberal Radical Ecuatoriano, con 943 votos (1.5%); y, Ricardo Paredes Romero, del Partido Comunista, con 696 votos (1.2%) (Nohlen, 1993, pág. 298).

No cabía duda: el balcón había encontrado al orador por antonomasia *cuyos rasgos caracterizaron al fenómeno político más importante del Ecuador del siglo XX,*[92] *que se condensó en la legendaria figura de José María Velasco Ibarra, quien fuera tildado por analistas y opositores como loco, populista, autoritario, conflictivo y gran responsable de la destrucción de los partidos político y del sistema democrático* (Cuvi, 2007, pág. I).

Vencedor en las elecciones, inició un recorrido en el interior del país y fuera de éste; hecho que denota y perfila, por un lado, el tipo de mandatario que quería ser dentro de las fronteras y, por otro, su interés por ubicar al Ecuador en el concierto internacional.[93] En lo endógeno, Velasco Ibarra

---

[92] *Velasco es el personaje más polémico del Ecuador durante el siglo XX, no solamente por haber sido cinco veces presidente del país, sino porque además encarnó los sueños y las aspiraciones más profundas de la muchedumbre ecuatoriana* (Bonilla Salcedo, 2014, pág. 5).

[93] Se le atribuye la siguiente frase a Velasco Ibarra: *Quise que el Ecuador abandonara el asilamiento tradicional, la timidez internacional. Quise darle altivez en los reclamos internacionales* (Espinosa, 2003, pág. 133).

había definido ejes transversales en los cuales se asentaría su gestión y que se resumen en libertad, igualdad, democracia y Estado; gestión que lo articularía axiológicamente, al ubicarse en un plano preferente y sentenciar que *el hombre de interés particular, piensa en el interés inmediato; el hombre de alma superior, se coloca encima de todo ello para contemplar el panorama moral del mundo* (Gomezjurado Zevallos, 2014, pág. 11).

Velasco Ibarra será el hombre que a pesar de haber estado efectivamente 13 años en el poder, marcó 40 años de referencia política, representando para efectos de la construcción del Estado ecuatoriano y su identidad, un pensamiento continuo que contrasta con la inestabilidad vivida en las décadas de los años 30, 40 y el 60 (Espinosa, 2003).

El pensamiento de José María Velasco Ibarra se ve influenciado por los fundamentos de las estructuras obreras conservadoras, cuando en sus primeros pasos en la contienda política encuentra apoyo en el movimiento 'Compactación Obrera Nacional', que era el brazo sindical de la estructura conservadora nacional, que junto a un discurso de "inclusión" atrajo no sólo a las elites políticas nacionales, sino que incorporó al sistema político a sectores hasta entonces excluidos del mismo; desarrolla su lógica discursiva a través de la política de masas.

La incursión del Dr. Velasco Ibarra en el manejo del Estado, provocó que la sociedad ecuatoriana se altere, viéndose permeadas sus estructuras estamentales y permitiendo la participación de personajes de la clase media burguesa y comerciante; aquí se evidenciaba una episteme respecto del liberalismo radical alfarista, que había implementado cambios fundamentales sin alterar el orden existente –la clase oligárquica y terrateniente de la sierra y la costa, y la plutocracia, eran los actores privilegiados del manejo de lo público–, mientras que el velasquismo significó el ascenso de nuevos actores, provenientes de la clase media burguesa, no necesariamente vinculada a los terratenientes y oligarquía costeña y serrana que, sin embargo, terminaba trabajando para ellos de manera directa o indirecta, consciente o inconscientemente.

En ese sentido, el título de la obra de Pablo Cuvi, resulta ser ilustrativo 'Velasco Ibarra: el último caudillo de la oligarquía', ya que su actuación en todos sus gobiernos se puede reducir a una expresión vernácula: *el corazón a la izquierda, el bolsillo a la derecha* (La Red21, 2008).

El Dr. Velasco Ibarra ocupa cinco veces la Presidencia de la República: la primera vez de 1934 a 1935 en plena crisis económica; la segunda, de 1944 a 1947 en la post-crisis territorial; la tercera, de 1952 a 1956 a inicios del 'boom bananero'; la cuarta, de 1960 a 1961 a inicio del tercermundismo castrista; y la quinta, de 1968 a 1972 previo al 'boom petrolero' (Espinosa, 2003).

Su primera presidencia la asume el 1 de septiembre de 1934 y conformó su Gabinete de Gobierno con personalidades del pensamiento liberal, con excepción del Ministro de Relaciones Exteriores, José Gabriel Navarro Enríquez, conservador. En su mensaje al Congreso, articuló con más detalle los elementos que permitirían la implementación de los cuatro ejes transversales de su pensamiento político. En ese sentido señaló que en su administración se darían garantías a las libertades públicas, respeto a la voluntad popular, laicismo en el sistema educativo oficial —pero con libertad de enseñanza, es decir, predominando la educación particular católica–; asimismo, solicitó aprobación del plan económico diseñado por Víctor Emilio Estrada, su Ministro de Hacienda —mismo que fue rechazado, y el Ministro dimitió al cargo-; y, abogó para que el Congreso estudie su plan de obras públicas y la reforma de los Códigos Civil y Penal más la reforma judicial (Arízaga Vega, 1985).

A pesar de que su plan de Gobierno fue entorpecido por la pugna de poderes entre el Ejecutivo y el Legislativo, logró realizar obras específicas como impulsar la agricultura con canales de riego y caminos vecinales; crear el Gimnasio Educacional Femenino -actual Colegio 24 de Mayo-; fundó la Escuela Experimental de Tumbaco y la Granja Agrícola de Tulcán; empezó el edificio del Colegio Vicente Rocafuerte; contrató la aduana y el muelle de Guayaquil; y reabrió la Escuela Politécnica Nacional; aunque por razones políticas –que Velasco Ibarra justificaba aduciendo que el Alma Mater no respondía a la misión de ética y cultural a la que se debía-, clausuró la Universidad Central del Ecuador del 18 de diciembre de 1934 al 18 de febrero de 1935 (Camacho & Menjívar, 2005).

Este primer gobierno acabó el 20 de agosto de 1935, cuando el Dr. Velasco Ibarra se proclamó dictador sin contar con el apoyo de la alta oficialidad y procedió a disolver el Congreso y convocar a una Constituyente para el 12 de octubre de ese mismo año, ordenando la prisión de actores políticos claramente anti velasquistas y, hasta clausuró ciertas publicaciones que le hacían oposición calificándolas de indecentes pasquines.

Las estructuras militares, proclamándose respetuosas del Estado de Derecho, lo detienen y encarcelan en el cuartel 'Chimborazo', donde fue prácticamente obligado a renunciar antes de ser deportado a Colombia. Ante estas condiciones, y al advertir que no articuló su decisión adecuadamente sentenció: *Me precipité sobre las bayonetas*, como reconocimiento de no contar con el apoyo castrense en este ejercicio de concentrar el poder.

Desde el Senado, que estaba presidido por Carlos Alberto Arroyo del Río —miembro del Partido Liberal Radical Ecuatoriano-, se orquestó el paso de la Jefatura del Estado a manos del Ministro de Gobierno —otrora Ministerio de lo Interior-, Antonio Pons Campuzano, cargo que lo desempeñó hasta agosto de 1938.

Culminado el interinato de Pons Campuzano, el Presidente del Senado, Carlos Alberto Arroyo del Rio asume la Jefatura del Estado (Sept.1938 a Dic.1939), lo que conllevó la pérdida de su condición de titular del Congreso, permitiendo —tras negociaciones legislativas-, que su coideario liberal, Andrés Fernández de Córdova Nieto —a quien se conoce como Andrés F. Córdova-, asuma la calidad de Presidencia del Senado.

Como Presidente del Senado —y una vez que Arroyo del Río renunciase a la encargaduría de la Presidencia de la República (Dic. 1939), en un claro ejercicio de calistenia política, con miras a ocupar la Presidencia de la República, pero legitimado por un proceso electoral-, Andrés F. Córdova, sucede la Jefatura del Estado en calidad de encargado del poder; cargo que lo desempeña del 10 de diciembre de 1939 al 10 de agosto de 1940.

En su condición de Jefe del Estado encargado, Andrés F. Córdova, convoca a elecciones para el 10 y 11 de enero de

1940, contienda electoral en la cual vence Carlos Alberto Arroyo del Río, del Partido Liberal Radical Ecuatoriano (PLRE) con 43.642 votos (53.2%); en segundo lugar, José María Velasco Ibarra, como independiente, con 22.061 votos (26.9%); y en tercero, Jacinto Jijón y Caamaño, por el Partido Conservador del Ecuador (PCE) con 16.376 votos (19.9%) (Nohlen, 1993, pág. 298)

Arroyo del Río asume constitucionalmente el poder (1ro Sept.1940) y, desde ese momento enfrentó una tensa paz, que se veía alterada por escaramuzas perpetradas por oficiales de la aviación de clara tendencia velasquista que fueron, finalmente, subyugados, apresados y encarcelados.[94] Sin embargo, el hecho más significativo de su Administración se produjo a los 10 meses de haber asumido el poder, cuando el 5 de julio de 1941 tropas peruanas invadieron el territorio ecuatoriano[95]; hecho político/militar que le permitió acudir

---

[94] En términos políticos, el pueblo fue movilizado y se concretó el levantamiento popular en el Estadio de "El Arbolito" en la ciudad de Quito, el 12 de enero de 1941, que reivindicaba la libertad de los oficiales militares arrestados.

[95] El 5 de julio de 1941, tras una serie de incidentes en el río Zarumilla, se inició el conflicto entre los dos países. Durante el enfrentamiento las fuerzas armadas peruanas superaron a las defensas ecuatorianas, ocupando militarmente: en la Costa.- El Oro y Puerto Bolívar, lo que le permitió al Perú establecer un bloqueo marítimo sobre la ciudad de Guayaquil, principal puerto y base naval del Ecuador; en la Sierra: se ocupó una parte menor de la provincia de Loja y Zamora Chinchipe; y, en el oriente.- Perú reivindicaba Sucumbíos, Napo y Pastaza (Jaramillo Sevilla, 2003).

al Congreso y requerir del órgano legislativo, el apoyo para enfrentar al enemigo, 'facultades omnímodas'.

La guerra con el Perú concluyó con la firma del Protocolo de Paz, Amistad y Límites de Río de Janeiro (29 de enero de 1942) suscrito por el Canciller ecuatoriano, Julio Tobar Donoso, y el Canciller peruano, Alfredo Solf y Muro; instrumento internacional, que fue rubricado también por los Cancilleres de los países que coadyuvaron en el proceso de negociación de la paz: por Argentina, Enrique Ruiz Guiñazu; por Brasil, Oswaldo Aranha; por Chile, Juan B. Rossetti; y, por Estados Unidos, Summer Welles (USIP, 1999).

El Ecuador, durante la Administración Arroyo del Río, veía reducirse nuevamente el territorio patrio, esta vez por el sur y sur-oriente. Este hecho de política internacional le permitió al Dr. José María Velasco Ibarra, quien se encontraba en el exilio —en Colombia-, crear, a la distancia, la 'Alianza Democrática'[96] brazo político que facilitó la consolidación y dirección de la oposición en contra del Jefe del Estado.

---

[96] La Alianza Democrática se constituyó en la estructura de oposición dirigida por Velasco Ibarra, conformada por fuerzas populares, conservadoras, socialistas y comunistas, cuyo objetivo y agenda era oponerse al Presidente Carlos Alberto Arroyo del Río.

Estas acciones conspiradoras lograron su acometida y el Presidente Arroyo del Río sale del poder. 'La Gloriosa' que fue el nombre que tuvo este ejercicio de insurgencia, se registró el 28 de mayo de 1944, día en el cual Velasco Ibarra, a quién le llamaban 'El Gran Ausente', regresaba victorioso a Quito. Se iniciaba el segundo velasquismo en mayo de 1944.

Desde esa calidad autocrática, el Dr. Velasco Ibarra, en su primera intervención (31 May. 1944) dejó traslucir que los objetivos delineados cuando ocupó la Presidencia de la República por primera vez (1ro Sept. 1934), serían articulados a través de una nueva lógica política: el populista, asentado en un profundo mesianismo, cuando al dirigirse al pueblo de Quito le dice:

Yo me siento, señoras y señores, profundamente quebrantado por estas responsabilidades que sobre mi gravitan. Muy pocos hombres se habrán dado cuenta de que es una responsabilidad grande. Todo un pueblo, todas sus instituciones, todos sus esfuerzos, y... ¿Qué voy a hacer? ¿Podré estar al nivel de los ideales de la revolución popular? ¿Podré estar en todo con las exigencias de Ejército? Con el apoyo decidido del pueblo ecuatoriano, hemos de triunfar. Mi deber no es si voy a fracasar o no. Mi deber es entregarme a la tarea de salvar a la patria ecuatoriana. No es posible, señores, ni un momento más de vacilación [...] Por consiguiente, bajo mi responsabilidad y en cumplimiento de un deber, sin temor de fracaso, en cumplimiento de un deber de varón y de patriota, asumo ante vosotros, ante la juventud de mi patria, ante los universitarios, ante el Ejército, ante las masas trabajadoras, la Presidencia de la República, a la cual he sido elevado por sucesos que no he provocado, por acontecimientos de hechos que tenían que surgir para que el país resucite para que se liberte de la más cruel de las tiranías y despotismos, que ha sufrido la República (Velasco Ibarra J., 1974).

Su proyecto –concebido desde una visión de Estadista– y la articulación del mismo –ejercida desde un accionar populista–, fue apuntalado normativamente con la adopción de las Constituciones del 6 marzo de 1945 y la del 31 de diciembre de 1946. Esta iniciativa velasquista que, inicialmente, contaba con el apoyo de su 'entente': Alianza Democrática Ecuatoriana (ADE), *entraron en una colisión inevitable. La alianza entre "el fraile y el comunista", tan elogiada por Velasco, se transformó en una guerra entre enemigos irreconciliables. Frente al proceso, el gobierno se derechizó aislándose cada vez más hasta que el "profeta... se quedó solo y tuvo que partir a un nuevo exilio político a finales de agosto de 1947* (De La Torre Espinosa, 1993, pág. 209). El 'felipillo' de esta conjura que logró articularse fue Carlos Mancheno Cajas, su Ministro de Defensa, quien exilió al Dr. Velasco Ibarra a Buenos Aires, Argentina.

Mancheno Cajas, elevado a Jefe de Estado de facto, ocupa el Palacio de Carondelet desde el 23 de agosto al 2 de septiembre de 1947, cuando en cumplimiento de aquella sentencia bíblica: quien a hierro mata, a hierro muere, es depuesto por el mismo Ejército –que se proclamaba respetuoso del Estado de Derecho–, lo que le significó no sólo la salida del poder, sino de la vida activa militar.

Su salida, ejecutada a través de una renuncia forzosa, es aceptada por el triunvirato creado para hacerse cargo de la transición en la Jefatura del Estado, conformado por Luis Larrea Alba, Humberto Albornoz y Luis Maldonado Tamayo. Este triunvirato en consonancia con la inclinación constitucionalista de las Fuerzas Armadas, y acogiéndose a las normas vigentes (Constitución de 1946), impulsa el proceso de sucesión del poder, titularizando como Presidente de la República, el 2 de septiembre de 1947, a Mariano Suárez Veintimilla, quien venía ejerciendo el cargo de Vicepresidente.

El Presidente Suárez Veintimilla, demostrando gran habilidad política o simple instinto de supervivencia, el 6 de septiembre de 1947 convoca a un Congreso Extraordinario, cuerpo colegiado que el 11 de septiembre de 1947, nombra a Carlos Julio Arosemena Tola[97] como Vicepresidente de la República. Una vez que Arosemena Tola asume el

---

[97] *Arosemena Tola, Carlos Julio (Guayaquil 1894 – Quito 1952) Financiero y político ecuatoriano. Padre de C.J. Arosemena Monroy. Presidente provisional de la Rep. en 1947-48* (Paredes C., 2004, pág. 77).

cargo de Vicepresidente, el Presidente Suárez Veintimilla le presenta su renuncia y dimite al cargo, viabilizando que Arosemena Tola, en un ejercicio de sucesión 'testato' –ya que la Constitución de la República de 1946 lo preveía– y refrendado por el Congreso, asuma la Primera Magistratura el 16 de septiembre de 1947 al 31 de agosto de 1948. Le acompaña en su Administración, en calidad de Vicepresidente en funciones, el Presidente del Senado, José Rafael Bustamante, con quien co-administra el Estado hasta el término del período en agosto de 1948 (Tuaza C., 2010).

Como se ha mencionado, las tesis liberales, como expresión política e ideología, aparecen y reaparecen con una mayor o menor presencia, en función de las condiciones políticas y la orientación que imprima el inquilino de Carondelet; lo que sí es un hecho, es que esta filosofía política, desde su implosión (1895) ha estado omnipresente en la estructuración de las agendas formuladas por los operadores políticos, incluso en aquellas prescritas por las estructuras conservadoras.

En esa lógica liberal, se desempeña la Administración Arosemena Tola, cuya agenda gubernativa apuntaba a fomentar una mayor presencia del Ecuador en el plano externo, bajo la premisa de los efectos exógenos sobre la realidad nacional eran evidentes e inminentes, más aún cuando el mundo enfrentaba y se adaptaba a la economía de la postguerra (1945), con lo cual pretendía crear un mecanismo de control, o al menos apaciguamiento, de la antropofagia política que vivía el país.

La Administración Arosemena Tola supo sincronizar de manera congruente la naturaleza burguesa de la clase alta ecuatoriana –básicamente guayaquileña– alineándola con los influjos norteamericanos –vencedor de la II Guerra Mundial– que llevó a su Gobierno, incluso, a romper relaciones diplomáticas con la Unión Soviética, y alinear claramente la política exterior ecuatoriana con los intereses regionales –y de los EEUU en la región–, al adherirse a la Carta de la Organización de los Estados Americanos y convocar a la Primera Conferencia Económica Gran Colombiana, cuyo colofón fue la denominada 'Carta de San Francisco de Quito', cuya aplicación la tendrá en el Pacto Andino (Avilés Pino, 2013).

Asimismo, Carlos Julio Arosemena Tola promulga la Ley de Régimen Monetario (Mar.1948), con la cual cambia la normativa que regía al Banco Central del Ecuador[98],

---

[98] Hay que recordar que la Misión Kemmerer en sus recomendaciones presentó un texto de Ley Orgánica con la cual se regía el Banco Central. El Presidente Arosemena Tola, entendiendo la dinámica del nuevo orden mundial de postguerra, y asesorado por la Misión Triffin del Fondo Monetario Internacional, preparó el nuevo texto legal sustitutivo de la Ley Orgánica del Banco Central.

poniendo a esta institución financiera bajo la rectoría de la Junta Monetaria −instancia creada para formular política monetaria, crediticia y cambiaria-. Dispuso que la producción nacional sea la que respalde a la moneda y que las reservas de oro sirvan para determinar la paridad cambiaria.

Finalmente, la Administración Arosemena Tola cumplió con la organización e implementación de las elecciones presidenciales que se realizaron el 6 de junio de 1948, para lo cual dio autonomía al Tribunal Supremo Electoral que otrora estaba vinculado al Ministerio de Gobierno, garantizando la transparencia del proceso electoral.

En estas elecciones (Jun.1948) se presentaron Galo Lincoln Plaza Lasso de la Vega[99], independiente −impulsado por liberales y conservadores emancipados-, quien obtuvo 115.708 votos (41.1%); Manuel Eliseo Flor, del Partido Conservador Ecuatoriano, con 112.356 votos (39.9%); y, Alberto Enríquez Gallo, de la coalición del Partido Liberal Radical Ecuatoriano y el Partido Socialista Ecuatoriano, que consiguió 53.649 votos (19.0%), de un total de 281.713

---

[99] Político y diplomático ecuatoriano, quien en su calidad de Embajador ante la Casa Blanca (1944-1946) suscribió a nombre del Ecuador la Carta de San Francisco con la que se institucionalizó la Organización de las Naciones Unidas en 1945; y, ocupó el cargo de Secretario General de la Organización de Estados Americanos entre 1968 a 1975 (Carrión, 2006).

votantes, de un padrón de 455.524 registrados (Nohlen, 1993, pág. 298).

Durante la Administración de Plaza Lasso de la Vega (Sept.1948 a 31 Agto.1952), le acompañaron en la Vicepresidencia, en su orden, Manuel Sotomayor y Luna (1948-1949) y a Abel Gilbert (1949-1952).[100]

Su Administración se destacó por lograr un ambiente de gobernabilidad, lo que configuró un escenario que le permitió desenvolver su gestión en lo interno, bajo el desarrollismo económico, y en lo externo ubicar al país con una mayor presencia en el concierto internacional.

Huelga señalar que este accionar gubernativo lo hace bajo un entendido político claro: contaba con el respaldo de la estructura burguesa –media y alta-, así como con el apoyo de la oligarquía costeña y la terrateniente serrana; sin embargo la clase burguesa baja y los sectores populares eran, netamente, velasquistas. En el marco de esta dicotomía política, Carlos Guevara Moreno creaba el partido 'Concentración de Fuerzas Populares' (CFP), desde donde se articuló la oposición a Plaza Lasso de la Vega, y en el

---

[100] Luego vino un período de tres lustros de estabilidad democrática, mantenido durante los regímenes gubernamentales de Galo Plaza (1948-1952), Velasco Ibarra (1952-1956), Camilo Ponce (1956-1960), Velasco Ibarra (1960-1961) y Arosemena Monroy (1961-1963).

cual confluían conservadores y velasquistas: nacía así el populismo institucional.

La agenda política de Plaza Lasso de la Vega fue básicamente liberal, misma que se evidencia en la nominación de Carlos Cueva Tamariz y Andrés F. Córdova, el primero como Ministro de Educación y al segundo como Ministro de Gobierno; lo que permitió que el laicismo siga imperando, así como la secularización –incluso autorizó el ingreso a misiones protestantes-. Buscó la profesionalización de la administración pública y promulgó la Ley del Servicio Civil y Carrera Administrativa.

En lo económico, se centró en los estamentos productivos, y contó con el aporte de Clemente Yerovi Indaburu, como Ministro de Economía. Las condiciones creadas desde el Estado y la conducta del mercado internacional permitieron que el Ecuador se convierta en un importante exportador de banano: entrabamos al "boom" de esa fruta. Se mejoró la producción arrocera, cacaotera, cafetera, algodonera y petrolera –este última commodity explotado bajo el criterio acuñado por él mismo en el sentido de que *el oriente es un mito* (Salgado & De La Torre, 2008, pág. 39)-. Las exportaciones se duplicaron y la paridad cambiaria se mantuvo: un dólar por 17 sucres (1948-1952). Creció la producción ganadera, tecnificándose la agricultura y mejorando el sistema de riego para combatir la erosión del suelo; se inició una campaña de reforestación, siendo el primer ejercicio de conciencia ecológica del Estado (Salgado & De La Torre, 2008).

Bajo la Constitución de 1946, el 1ro de junio de 1952, se llevó a cabo las elecciones para elegir al Presidente y Vicepresidente para el período 1952-1956. La demografía electoral había cambiado, y el número de electores inscritos era de 550.997. Votaron, efectivamente, 357.654, es decir el 65% del padrón electoral.

A estas elecciones se presentaron: José María Velasco Ibarra y Alfredo Chiriboga, como fórmula patrocinada por la Federación Nacional Velasquista (FNV), Acción Revolucionaria Nacionalista Ecuatoriana (ARNE) y Concertación de Fuerzas Populares (CFP), quienes obtuvieron 159.259 votos (43%); asimismo, Ruperto Alarcón Falconí y Cristóbal Azua Robles, del Partido Conservador Ecuatoriano (PCE), con 116.870 votos (33.0%); José Ricardo Chiriboga y Manuel Alvarado Olea, del Partido Liberal Radical Ecuatoriano (PLRE), con 66.771 votos (18.9%); y, Modesto Larrea Jijón y Clodoveo Alcívar Zevallos, de Alianza Democrática Nacional –entente entre el Partido Socialista Ecuatoriano y liberales disidentes-, con 18.125 votos (5.1%) (Nohlen, 1993, pág. 299).

Con este hecho electoral se da inicio a la tercera presidencia del Dr. José María Velasco Ibarra (1ro de septiembre de 1952 al 31 de agosto de 1956), la única que logró concluir.

En este nuevo período de mandato, el Presidente Velasco Ibarra se vio en la obligación de constituir su Gabinete con los dirigentes de la coalición que lo llevaron al poder −como pago político-, y con un Senado dominado mayoritariamente por la 'derecha' y una cámara baja conformada entre velasquistas, liberales disidentes, conservadores y cefepistas.

Sin embargo de la composición del legislativo, la Administración Velasco Ibarra, con una clara tendencia de pensamiento liberal[101] y teleología modernizadora −a pesar de la abrupta caída de las exportaciones (1955) por causas exógenas (Acosta, 2001)-, logró concretar obras mayores que en sus dos administraciones anteriores. Con una visión de Estadista, articuló el primer plan vial −concebido de modo integral y orgánico, entre las cuales podemos destacar: Girón-Pasaje, Durán-Tambo, El Empalme, Latacunga-Quevedo, vía la Maná, pavimentada, Babahoyo-Quevedo, Santo Domingo-Quinindé-; construyó numerosas escuelas

---

[101] Léase el discurso del Dr. José María Velasco Ibarra, pronunciado ante la Asamblea popular organizada por la Federación Nacional Velasquista, en Guayaquil, el 27 de enero de 1954 *Tomado de: José María Velasco Ibarra, "Un gobierno responsable y honrado" […] en Obras doctrinarias y prácticas del gobierno ecuatoriano, Tomo I, Quito, Talleres Gráficos Nacionales, 1956, pp.225-232* (Gomezjurado Zevallos, 2014, pág. 227)

y colegios; reequipó las Fuerzas Armadas (Ejercito, Marina y Fuerza Aérea); emprendió y profundizó las obras de regadío –que su antecesor había iniciado-; y creó la Junta de Planificación y Coordinación Económica (del Pozo, 2002).

En lo político, restituyó las libertades de sufragio, culto y de educación; abolió la discriminación administrativa por ideas políticas o religiosas y, apoyó a la Iglesia católica autorizando la fundación de la Pontificia Universidad Católica del Ecuador. Sin embargo, su carácter también lo orilló a clausurar periódicos e incluso apresar al representante de la Sociedad Interamericana de Prensa (SIP), cuyo presidente era el ecuatoriano Jorge Mantilla, quien había incitado a un paro nacional de los medios de comunicación social del país (Echeverría, 2010).

Concluido el tercer período velasquista, se dio paso al proceso electoral de 1956, que bajo las normas constitucionales de 1946, se convoca a elecciones. Huelga mencionar que este proceso tiene una característica política particular: el retorno de la derecha conservadora, tras el último gobierno de García Moreno.

Participan en esta contienda el binomio: Camilo Ponce Enríquez y Francisco Illingworth, por Alianza Popular –conformada por el Movimiento Social Cristiano,

Partido Conservador Ecuatoriano y Acción Revolucionaria Nacionalista Ecuatoriana-, quienes obtienen 178.424 votos (29%); Raúl Clemente Huerta y José María Plaza, del Frente Democrático Nacional –conformado por el Partido Liberal Radical Ecuatoriano, Partido Socialista Ecuatoriano y Partido Comunista del Ecuador-, con 175.378 voto (28.6%); Carlos Guevara Moreno y Alfonso Zambrano Orejuela, de Concertación de Fuerzas Populares, con 149.935 votos (24.4%); José Ricardo Chiriboga Villagómez y Octavio Viteri Vásquez, independientes –pero apoyados por sectores disidentes liberales y socialistas- con 110.686 votos (18.0%); y, Eusebio Macías y Eloy Ortega, independientes, con 469 votos (0.0%). Todo esto de una demografía electoral que contemplaba 836.955 empadronados, de los cuales 614.423 votaron efectivamente; las elecciones significaron una participación del 73.4% del total de padrón (Nohlen, 1993, pág. 299).

Camilo Ponce Enríquez inició su gestión (1ro de septiembre de 1956) criticando amargamente la Administración Velasco Ibarra[102], lo que le granjeó la enemistad de éste y su oposición y crítica permanente, incluso desde Argentina, donde se había replegado el Dr. Velasco Ibarra.

---

[102] *La frase de Ponce fue: "He sido elegido Presidente de la República y no síndico de una quiebra"* (Espinosa, 2003, pág. 136)

Su Administración, que inició con resquemores ante el retorno de esa nueva 'restauración conservadora', se desenvolvió con tolerancia y libertades ciudadanas —en los términos expuestos por el Jefe del Estado en su discurso de posesión (Ponce Enríquez, 1956)–; promesa que logró cumplir fomentando el desarrollo en todos los órdenes, a pesar de haber administrado con austeridad el erario nacional; promesa que se rompió en junio de 1959, con el incidente de represión en Guayaquil.

Aunque conservador, el doctor Ponce Enríquez, en lo ideológico no tuvo ya inconveniente en amoldarse a las reglas de juego establecidas por la burguesía liberal. El velasquismo, entre tanto, nutrido como fuerza electoral del caudal sub-proletario, cosecharía un apoteósico triunfo en 1960 que desconcertó al partido de la modernización burguesa que había venido gestándose en el decenio anterior. Ambos fenómenos no podían ser más disfuncionales al proyecto que se quería implantar.

Recio, incisivo, soberbio, tenaz y revestido de *facultades (legales) implícitas, el conservador Camilo Ponce Enríquez, en 1944, encabezó una importante fracción política que integró el Bureau Político de Alianza Democrática, alineado para el derrocamiento arroyista. Pasó a formar parte del segundo gobierno velasquista instaurado tras la "Gloriosa del 28 de mayo", como Ministro de Relaciones Exteriores. Bajo su liderazgo, Ponce en 1945 conforma*

el Parido Demócrata Nacional, de efímera existencia. En 1951,
merced a su persistencia, funda el Partido Social Cristiano[103].
Velasco Ibarra, una vez más, en la tercera administración confió
a Ponce la dirección del Ministerio de Gobierno de su régimen.
Con el respaldo de la Alianza Popular, coalición constituida por el
Partido Conservador, el Movimiento Social Cristiano y la Acción
Revolucionaria Nacionalista Ecuatoriana, Ponce Enríquez es
postulado candidato presidencial y tras el triunfo en las elecciones
de 1956 accede al poder hasta 1960 (Narváez Rivadeneira,
1997, pág. 26)

Entre las obras de la Administración Ponce Enríquez se
pueden destacar los edificios del Congreso –actual Asamblea
Nacional-; del Palacio de Najas –Cancillería-; del Instituto
de Seguridad Social; el Hotel Quito; las residencias
universitarias; los aeropuertos de Quito y Guayaquil;
y, la sala capitular de San Agustín; asimismo, el Puerto
Nuevo –considerado en ese momento el mejor de la costa
pacífica de Sudamérica-; el Estadio Modelo de Guayaquil;
los trabajos iniciales del puente sobre el río Guayas; el
puente de Las Juntas; el túnel Agoyán; la Escuela Superior
Politécnica del Litoral (ESPOL); y en el reforzamiento
institucional castrense, otorgando a las Fuerzas Armadas

---

[103] Conviene recordar que el Partido Social Cristiano, *PSC deriva su nombre*
de dos grandes fundamentos: los principios cristianos como base de convivencia
social y el bien común como fin político, que permite el desarrollo integral de
la persona en todos los aspectos de su vida dentro de la ordenación comunitaria
(TSE, 1989, pág. 115)

edificaciones, bases y equipamiento (Narváez Rivadeneira, 1997).

En lo social –a pesar de su tendencia ideológica- mostró una gran visión estableciendo el seguro de cesantía para empleados privados y obreros; la separación de la Iglesia y del Estado; y equilibrando los influjos de las oligarquías costeña y terrateniente serrana. Consolidó formalmente las instituciones de la democracia, y permitió libertad de acción de los operadores políticos; supo ser más grande de lo esperado por propios y extraños, superando las limitaciones discursivas de su tendencia ideológica.

Sobre la represión del subproletariado de Guayaquil en junio de 1959, hay que contextualizar señalando que *el fantasma del comunismo empezó a ser manipulado por las fuerzas de derecha y la utilización de este recurso se extendió a lo largo de toda la década* [...] *Lo de junio del 59, en mucho, al movimiento de noviembre 1922. Entre masacre y masacre se establece un paralelismo que podría sintetizarse en dos términos: pueblo - represión* [...] *El asalto de la chusma guayaca a la casa de cambios "El Sol", trasciende sus propios límites históricos y se instaura como un hecho coyuntural entre el pasado de bonanza aparencial y la realidad de un presente que sólo hizo visibles sus desiguales impudicias a raíz de asumir una conciencia más rebelde que analítica, hija de la crisis económica y del pensamiento político "subversivo" que se había instalado en Latinoamérica* (Granda, 2003, pág. 25).

La Administración Ponce Enríquez concluye su gestión el 31 de agosto de 1960, sin antes convocar a elecciones generales con base a la Constitución de 1946, para el 5 de junio de ese año. Esta contienda electoral contó con la presencia del binomio: José María Velasco Ibarra y Carlos Julio Arosemena Monroy, de la Federación Nacional Velasquista, quienes ganan con 369.461 votos (48.2%); Galo Lincoln Plaza Lasso de la Vega y Nicolás Castro Benítez, patrocinados por la entente del Partido Liberal Radical Ecuatoriano y el Partido Socialista Ecuatoriano, que obtuvieron 179.705 votos (23.4%); Gonzalo Cordero Crespo y Héctor Romero Menéndez, de Acción Demócrata Cristiana −conformada por el Partido Conservador Ecuatoriano, el Partido Social Cristiano y por Acción Revolucionaria Nacionalista Ecuatoriana−, con 172.117 (22.4%); y, Antonio Parra Velasco y Manuel Benjamín Carrión, aupados por la Concentración de Fuerzas Populares y el Partido Comunista del Ecuador, que aglutinaron 45.822 (6.0%); de un padrón de 1.009.280 votantes de los cuales votaron efectivamente 767.105 (76.0%) (TSE, 1989).

Con esta victoria se inicia el cuarto período de Gobierno del Dr. José María Velasco Ibarra (1ro Sept.1960 a 7 Nov.1961), cuyo accionar en el poder fue definido en su alocución dada en Quito el 31 de mayo de 1960, cuando se dirige, en una parte de su intervención, a la oligarquía costeña y terrateniente serrana para buscar su apoyo para el ejercicio del poder y les dice: *Y vosotros, los hombres de la clase alta que tenéis ahora el honor de comprender a la chusma, a la querida chusma del gran Presidente Alessandri, a esta chusma que es el alma de la patria, vosotros que la comprendéis y que estáis trabajando por ella y que sabéis que necesita una reforma agraria bien meditada, hecha con sinceridad no hecha por un gamonal que no busca sino el dinero y el prestigio y el lustre electorero, sino por hombres de corazón que amen al campesino, que amen al hombre pobre; vosotros los que comprendéis que el pueblo necesita mejorar su vivienda, salir del tugurio; vosotras, las que comprendéis que el niño ecuatoriano de las clases pobres necesita redimirse para ser ellos, por su número, por su esfuerzo, los brazos futuros del Ecuador; vosotros los que creéis que es menester irrigar los campos, dar agua potable a las poblaciones; vosotros los que acompañáis al velasquismo actualmente en el orden cultural, en el orden biológico, en el orden económico felicitaos; por vosotras y por vosotros, las clases llamadas altas se salvarán ante la historia de la maldición que el pueblo ecuatoriano lanzaría contra ellas si aquí no hubiera sino egoísmo y preponderancia de los que aprovechan del pueblo y desprecian al pueblo, piden el voto del pueblo y lo llaman chusma* (Velasco Ibarra J. M., 2014)

El Presidente Velasco Ibarra tuvo que gobernar un país que venía arrastrando una crisis en su comercio exterior; crisis a la cual se suma todo el fenómeno de la 'Revolución Cubana' y la real presencia de EUA, a través de acciones específicas que buscaban mitigar sino eliminar, el influjo del pensamiento castrista.

Con el fin de atenuar los efectos en el tablero político-ideológico que vivía el Ecuador, el Dr. Velasco Ibarra decide abordar el frente externo como escenario y proclama la 'Nulidad del Protocolo de Río de Janeiro' aduciendo una suscripción viciada por la coacción al momento de su firma; posición que en lo interno provocó el efecto deseado, una unidad temporal, pero que *los países garantes declararan en diciembre que la voluntad unilateral no basta para invalidar tratados de límites* (Aguirre, 1995, pág. 374); el tablero político interno volvía a sus niveles de volatilidad habitual.

Atendiendo los postulados y su vocación popular, propuso al legislativo una normativa para efectivizar la reforma agraria —como aporte al cambio estructural que él veía que el país requería–, deplorablemente, y a pesar de contar con una mayoría en el Congreso, la iniciativa fue vetada. Al poco tiempo estalló la crisis fiscal y con ella el malestar del pueblo[104], la agitación estudiantil y un evidente distanciamiento con el vicepresidente Carlos Julio

---

[104] Al respecto y frente a las medidas de ajuste que se proponían, el Presidente Velasco Ibarra solía rechazarlas afirmando [...] *esos economistas del Banco Central, cuya estrecha mentalidad está carcomida por formulillas empíricas, no entienden que no sirve para nada ese galimatías de una moneda sana si el pueblo está enfermo* (Vallejo, 2015, pág. 6)

Arosemena Monroy[105] -a quien incluso intentó arrestar junto a otros legisladores, entre ellos Assad Bucaram[106]-.

Para junio de 1961, decide adoptar la medida de unificación del tipo de cambio, lo que desvalorizó la moneda nacional (Acosta, 2001), provocando un resquebrajamiento aún mayor del tablero político interno; malestar que se evidenció a su llegada a Cuenca (Nov.3, 1960) con el rechazo y protestas estudiantiles por su presencia en la capital azuaya.

La convulsionada realidad política orilló a Velasco Ibarra a asumir plenos poderes el 7 de noviembre de 1961, ignorando la Constitución vigente (1946). Este hecho fue el argumento –nuevamente- para que las Fuerzas Armadas depusieran al Dr. Velasco Ibarra, e impulsaran, en un acto aparente de respeto de la Constitución de 1946, la sucesión presidencial. Este ejercicio de continuidad democrática,

---

[105] La fricciones suscitadas con Carlos Julio Arosemena Monroy hizo que el Dr. Velasco Ibarra se *refiriese, sentenciosamente, al vicepresidente como "Conspirador a sueldo"* (Molina Flores, 2005, pág. 88)

[106] Ecuatoriano de origen libanés, que inicia su vida política activa tras afiliarse al partido Concentración de Fuerzas Populares (CFP) en 1956. Fue candidato en las elecciones legislativas de 1956 y electo diputado por la provincia del Guayas para el período 1958 y 1961. También se desempeñó como Consejero Provincial del Guayas y en las elecciones de 1960, por votación popular es nominado Prefecto Provincial de esa provincia, cargo que lo desempeñó hasta 1962, cuando es electo Alcalde de Guayaquil. En esta época Bucaram empezó a ser reconocido como una figura de mucha influencia política y era afectuosamente referido como "Don Buca".

se fraguó en contubernio con el Congreso Nacional, el 9 de noviembre de 1961, nombrándose al Vicepresidente de la República, Carlos Julio Arosemena Monroy, como Jefe del Estado, cargo que lo desempeñó hasta el 11 de junio de 1963.

Con este trueque, el escenario político había encontrado una relativa tranquilidad con la asunción al poder de Carlos Julio Arosemena Monroy, sin que ello implicara que las aguas políticas dejaran de ser convulsas. El país vivía los influjos del pensamiento político internacional, fascinado por la idea de la Revolución Cubana, la influencia de la teología de la liberación[107] y –en aplicación práctica de la 3ra Ley de Newton- una reacción conservadora, que sostenía la tesis de la necesidad de entregar el gobierno a los militares –tesis formulada por los Estados Unidos de América (EUA) y articulada por la Agencia Central de Inteligencia (CIA, en inglés), que se había infiltrado en la política del país durante el Gobierno de Arosemena Monroy (Agee, 1975)-.

Este escenario internacional que tuvo –como nunca antes- un nivel de influencia en lo interno, y empoderadas las

---

[107] La teología de la liberación es una corriente dentro de la iglesia católica que nace y se desarrolla en América Latina, tras la aparición de las Comunidades Eclesiales de Base, el Concilio Vaticano II y la Conferencia de Medellín de 1968.

Fuerzas Armadas por el respaldo que provenía de los EUA, dan por terminada la gestión de Carlos Julio Arosemena Monroy en junio de 1963 –quien, para bien o para mal, había mostrado una inclinación castrista-, y forjan la posesión de la Junta Militar –conocida como la del 63- conformada por el Contraalmirante Ramón Castro Jijón, el General Marcos Gándara Enríquez, el General Luis Cabrera Sevilla y el Coronel Guillermo Freile Posso.

La Junta Militar gobernó en el período de los años de 1963 a 1966 y estuvo enmarcada en los requerimientos del pentágono norteamericano de cerrar filas en todo el continente con dictaduras anticomunistas que impidieran, por todos los métodos, el desarrollo orgánico y político de las tendencias de izquierda, que se habían vigorizado debido al triunfo de Fidel Castro y el Movimiento 26 de Julio en Cuba [...] en la "lógica" institucional militar, tras el fenómeno de la revolución cubana, lo que se ponía en riesgo era la unidad del frente interno y la izquierda ecuatoriana, entonces, pasaba a constituirse en una real amenaza a la seguridad nacional (Rodas Chavez, 2000, págs. 77-78).

Sin embargo de esta posición ideológica confrontativa, la Junta Militar del 63' –bajo una filosofía liberal juliana-, articuló acciones en beneficio de las mayorías oprimidas, como la eliminación del huasipungo[108] a través

---

[108] Huasipungo es una palabra de origen quichua, que quiere decir "lote de terreno"; literalmente es: huasi= casa; y, pungo= patio. En términos

de la implementación de la reforma agraria; asimismo, desarrolló la cuenca del Río Guayas en la cual se incentivó el descubrimiento y la explotación de la riqueza en hidrocarburos; en lo educacional, restauró la Escuela Politécnica Nacional y alfabetizó a la población mediante diversos programas de inclusión en la educación primaria y ayuda a adultos analfabetos; benefició significativamente al sector bananero y a la industria con incentivos y subsidios; entre otras acciones que impulsaron el desarrollo cualitativo de la sociedad ecuatoriana (Malo González & Arellano Escobar, 1984).

En lo internacional, y en esa lógica anti-comunista, el país amplió y fortaleció sus relaciones con otras naciones y socios comerciales, en especial con EUA con el cual se suscribió un Convenio que permitía la pesca, de embarcaciones americanas, dentro de las 200 millas marinas, hecho que provocó una sensación generalizada de dependencia respecto del país del norte, y la concomitante reacción de la oposición que indujo a la Junta Militar a tomar medidas

---

de aplicación efectiva, implica el hecho de la hacienda parcelada con propósitos premeditados, en función de los intereses de su propietario, quien proveía de abastos a sus 'huasipungueros' –indígenas entregados en Encomienda, inicialmente (siglo XVI)- a cambio de su trabajo sin remuneración (Fabre-Maldonado, 1993). En palabras del General Gándara [...] *basta un solo hecho para justificar la actuación de nuestro Gobierno: la abolición del huasipungo, ignominiosa institución esclavista que había supervivido a todos los Congresos y a todas las transformaciones políticas, incluida la Revolución Liberal* (Espinosa, 2003, pág. 177).

como la prohibición de los derechos ciudadanos, la extinción jurídica del partido comunista y el enfrentamiento y posterior cierre de medios de comunicación social (Malo González & Arellano Escobar, 1984).

El agotamiento político de la Junta Militar era evidente; *el régimen militar cayó en desgracia ante los capitalistas reunidos en la Cámara de Comercio de Guayaquil, los cuales lideraron una huelga general que recibió el apoyo de los trabajadores y de los estudiantes, forzando en marzo de 1966, la renuncia de la Junta* (Gómes Pinto, 2005). Ante estos hechos se concretó un cambio estratégico en el manejo del Estado, a través del Jefe del Comando Conjunto, Gral. Telmo Oswaldo Vargas Benalcázar, quien en representación del ejército, marina y aviación, solicita a Clemente Yerovi Indaburu asumir la Presidencia de la República en calidad de encargado del poder; funciones que las desempeña Yerovi Indaburu del 30 de marzo al 16 de noviembre de 1966, bajo dos mandatos expresos: instaurar una Asamblea Constituyente que redacte una nueva Constitución; y, convocar a elecciones (El Telégrafo, 2012).

Según lo acordado, el Presidente encargado Yerovi Indaburu convocó a *la asamblea constituyente* [...en...] *1966,* [...que...] *además de dictar la Constitución de 1967, eligió a Otto Arosemena Gómez como presidente interino* (Oyarte Martínez, 2007, pág. 40), quien venía desempeñándose como Diputado de la Asamblea Constituyente. El segundo compromiso asumido por Yerovi Indaburu, fue transferido al nuevo Jefe del Estado, Otto Arosemena Gómez.

La Administración Arosemena Gómez inició su gestión el 16 de noviembre de 1966 y concluyó su mandato el 31 de agosto de 1968. De convicción liberal moderado, su trajinar por Carondelet se desarrolló en un ejercicio del "status quo"[109] y la búsqueda de un escenario lo suficientemente manejable para la realización de las elecciones programadas para junio de 1968 (Lenz, 2013).

El 2 de junio de 1968 se llevan a cabo las elecciones generales, en las cuales con un padrón de 1'198.874 inscritos, votaron efectivamente 853.546 ciudadanos (77.5%). Participaron en estos comicios los binomios: José María Velasco Ibarra y Víctor Hugo Sicouret, de la Federación Nacional Velasquista, que obtuvieron 280.370 votos (32.8%); Andrés F. Córdova y Jorge Zavala Baquerizo, de la entente formada por el Partido Liberal Radical Ecuatoriano, Concertación de Fuerzas Populares y el Partido Socialista Ecuatoriano, con 264.312 votos (31.1%); Camilo Ponce Enríquez y Roberto Nevarez Vásquez, del Partido Social Cristiano

---

[109] Se deduce de sus propias palabras cuando señala que: *Organicé mi primer gabinete pretendiendo que fuera expresión del pensamiento y sentimiento nacionales, al margen de partidismos y de odios inspirados en principios ideológicos, con los que yo no estoy de acuerdo* (Avilés Pino, 2013).

y Partido Conservador Ecuatoriano, con 259.833 votos (30.4%); Jorge Crespo Toral y Eudoro Cevallos de la Jara, de Acción Revolucionaria Nacionalista Ecuatoriana, con 31.991 votos (3.7%); y, Elías Gallegos Anda y Luis Villalta, de Unidad Democrática Popular, con 17.040 votos (2.0%) (TSE, 1989).

Con ese resultado se daba inicio al quinto velasquismo; sin embargo, en virtud de las normas de la Constitución de 1967 vigente y las leyes electorales, el compañero de fórmula del Dr. Velasco Ibarra no ganó la Vicepresidencia, asumiendo dicha dignidad el doctor Jorge Zavala Baquerizo, quien era el binomio de Andrés F. Córdova. La Administración Velasco Ibarra asumía el poder el 1ro de septiembre de 1968, con una retórica política que buscaba declarar como improcedente la Carta Política del 1967.

Bajo la misma lógica que caracterizó su tercer mandato (1952-1956), e influido por el pensamiento liberal radical de su Vicepresidente, el Dr. Velasco Ibarra definió su hoja de ruta para este nuevo período en su discurso pronunciado en la concentración velasquista celebrada en la Plaza de la Independencia el 7 de marzo de 1969[110], en el cual se

---

[110] *Quiero que vosotros os compenetréis de lo que el Gobierno quiere, de lo que el Gobierno ha hecho y de lo que el Gobierno pretende hacer; no es exacto, señoras y señores, que no hayan sino dos formas de Estado: o el Estado totalitario, el estatismo como se dice, o al otro extremo, la libertad individual económica, la libertad de iniciativa, al margen por completo de las normas del Estado; no hay*

compromete a concretar la igualdad económica y social; la eliminación de las condiciones de pobreza extrema que vivía el campesinado; vigilancia sobre los contratos petroleros; fomento de los operadores políticos y confluencia con los grandes objetivos de la patria; y la centralización de la administración, a través de la reducción de la dispersión de las entidades autónomas.

Sin embargo, su deseo programático y la realidad política imperante chocaron de frente, y desde el inicio encontró resistencias que, a criterio del Dr. Velasco Ibarra, provocaban ingobernabilidad, que se concretó con las salidas de sus Ministros de Agricultura Pedro Menéndez Gilbert, y cuatro de Finanzas, el más connotado Luis Guzmán Vanegas. A pesar de ello, logró expedir la Ley de Hidrocarburos (1971), creó la Corporación de Yacimientos Petrolíferos Fiscales e inició las obras del oleoducto Balao–Esmeraldas (Espinosa, 2003).

---

tal. Vivimos hoy un mundo enteramente nuevo, es menester que la gente rica, los cultivadores en grande, los propietarios, los hombres de lujo y el orgullo, los monopolizadores de la explotación comprendan que hoy la humanidad vive una etapa completamente nueva; el Art. 32 de la nueva Constitución de Colombia [...] garantiza la propiedad, que se garantiza la libre iniciativa, pero en el mismo artículo se le impone al Estado la obligación de regular la producción, el comercio, el movimiento de la riqueza, a fin de que riqueza no sea un factor anárquico en beneficio del lucro, esplendor y lujo de unos pocos... (Gomezjurado Zevallos, 2014. pág. 259)

El desgaste relacional lo dejó solo en la arena política, abandonado incluso por los huestes liberales, el Dr. Velasco Ibarra se vio forzado a entenderse con Assad Bucaram, con quien buscó introducir reformas constitucionales a la Carta Magna de 1967, para concentrar más poder, lo que provocó roces con el legislativo, a lo cual se sumaron las desavenencias con la Universidad, que buscaba imponer el libre ingreso y que provocó una dura represión, que finalmente orilló a Velasco Ibarra, el 22 de junio de 1970, a declararse dictador y desconocer la Constitución de 1967 (Espinosa, 2003).

La Administración velasquista de facto, en lo económico, devaluó la moneda de $.20,22 a $.25,oo sucres por dólar; suprimió la autonomía de la Autoridad Portuaria de Guayaquil y del Comité Ejecutivo de Vialidad del Guayas; la balanza comercial registraba un déficit de 141 millones de dólares; creció el servicio de la deuda externa; y hubo corrupción en el Banco Ecuatoriano de la Vivienda (Acosta, 2001).

En lo político, apresó al alcalde electo de Guayaquil, Francisco Huerta Montalvo, y desterró a Panamá al prefecto provincial electo, Assad Bucaram —otrora aliado-. Ocupó los predios de la Universidad Central del Ecuador y de la Universidad Estatal de Guayaquil, y censuró los programas de comentarios y discusión política de Ecuavisa (El Unvierso, 1970). El escenario político nacional se volvía a enturbiar y las botas una vez más salieron de los cuarteles para hacerse escuchar.

Los estamentos militares pedían la salida del Ministro de la Defensa, Jorge Acosta Velasco –sobrino del Dr. Velasco Ibarra-, lo que llevó al Jefe del Estado a negociar (29 marzo 1971) con los oficiales disconformes encabezados por el Gral. Luis Jácome Chávez, Director de la Academia de Guerra, quien contaba con el apoyo de la guarnición de El Oro. Para evitar una escisión interna en las Fuerzas Armadas (FFAA), el Gral. Guillermo Rodríguez Lara convoca a reunión del alto mando ampliado, y negocia con el Dr. Velasco Ibarra su permanencia en el poder, sacrificando en el proceso, a su Ministro de Defensa, Acosta Velasco (Vellinga, 1993).

En política exterior, la Administración velasquista defendió la soberanía frente a la incursión de barcos piratas atuneros americanos en aguas territoriales, llevando a los Estados Unidos al banquillo de los acusados ante la OEA; el país votó por el reconocimiento de la República Popular China en la Organización de Naciones Unidas (ONU); y fortaleció las relaciones diplomáticas y comerciales con los países socialistas.

Todo esto bajo los influjos de la entente civil-militar que dejó al Gobierno de Velasco Ibarra debilitado; debilitamiento que constituyó la simiente de las conjuras políticas futuras, en las cuales el Comandante General del Ejército, Gral. Rodriguez Lara, y el Ministro de Defensa, Luis Robles Plaza jugarán su papel (Cuvi, 2007).

La endeble entente política civil-militar se rompe el 15 de febrero de 1972, con el golpe conocido como 'El Carnavalazo', ejecutado por el entonces Comandante –que posteriormente fue ascendido a Almirante-, Jorge Queirolo Gómez, en la ciudad de Guayaquil, quien asumió la Jefatura del Estado por pocas horas, cediéndola inmediatamente al General Guillermo Rodríguez Lara, a la sazón Comandante General del Ejército. El golpe se produjo sin actos de violencia y con un evidente sentido de estrategia militar que, incluso, no provocó enfrentamientos entre los golpistas y las fuerzas que protegían al Dr. Velasco Ibarra (El Comercio, 2010)

El balcón vuelve a quedar vacío con la ausencia de uno de los personajes más influyentes del quehacer político nacional e insigne académico; y, se ve ocupado por bayonetas, mismas que impusieron e impulsaron una agenda nacionalista con una base ideológica liberal-moderada; los herederos forzosos de la revolución juliana se posesionaran en Carondelet.

★ ★ ★

Capítulo XI
ACTORES REENCAUCHADOS Y VIEJAS PRAXIS: ESTRENANDO DEMOCRACIA

'El Carnavalazo', nombre con el cual se conoció la conjura militar que derrocó al Dr. Velasco Ibarra, se produjo el 15 de febrero de 1972, recayendo el manejo del Estado en manos del Gral. Guillermo Rodríguez Lara, a la sazón Comandante General del Ejército. Desempeñó las funciones de Jefe de Estado bajo el título eufemístico de Presidente de la República –nombre con el cual quería legitimar su condición tras el golpe; golpe que, además, contó con el consenso social-. El Gral. Rodríguez Lara ocupa la Presidencia de la República del 16 de febrero de ese año, al 11 de enero de 1976.

La Administración de Rodríguez Lara se ubicó en lo filosófico en el liberalismo moderado –reminiscencia juliana-, y lo articuló desde lo ideológico a través del nacionalismo revolucionario, cuya gestión más destacada fue la nacionalización del petróleo, que tenía por objeto controlar e invertir los ingresos producidos por la exportación de este commodity –la coyuntura internacional de esos años revalorizó el precio del barril del petróleo en virtud de la crisis energética mundial- y orientarlos hacia su proyecto de reconstrucción nacional.

El Gobierno del Gral. Rodríguez Lara irrumpe en el escenario político ecuatoriano, a más de las condiciones políticas que se venían experimentando en la última jefatura de gobierno del Dr. Velasco Ibarra, por los potenciales y previstos resultados —según los sondeos de opinión de la época- para las elecciones de 1972, que vislumbraban la inminente victoria del cefepista Assad Bucaram Elmhalin.

Más allá de esta posible razón que pululaba en la psiquis de los ecuatorianos, por la cual se veía como no-procedente que la Primera Magistratura fuera alcanzada por un ciudadano cuyo antecedente inmediato era la nacionalidad libanesa de sus progenitores, el Presidente Rodríguez Lara, en cuanto asumió la jefatura del Estado, expuso la filosofía y plan de acción de su Gobierno nacionalista y revolucionario:

La crisis que soporta la Nación ecuatoriana, es el resultado de un sistema democrático aparente que no ha tomado en cuenta la realidad sicosocial del pueblo ecuatoriano. La estructura despótica en la explotación ha producido una desesperanza intolerable. Ecuador ha crecido desarticuladamente por su orientación hacia los mercados externos. Esto ha determinado que las regiones mejor dotadas para satisfacer la demanda se hayan beneficiado más intensamente mientras que las regiones orientadas a la producción para el consumo interno no hayan contado con estímulos suficientes. No se han establecido mecanismos de retención en las áreas que originaron la producción. La dependencia externa de la economía nacional ha condicionado la distribución interna del excedente generado en el proceso productivo. Esta falta de integración espacial se ha traducido socialmente en una estructura de Poder fortalecida por la distribución desigual del ingreso y por la exclusión de los grupos mayoritarios en la conducción de la vida nacional (Campos, 2011).

Para articular sus objetivos gubernativos, el Presidente Rodríguez Lara puso en vigencia la Constitución de la República de 1945 –que la utilizó en todo aquello que no atentara y/o afectara a la revolución nacionalista–, con lo cual se simulaba un Estado de Derecho; situación que incitó, para 1972, que los operadores políticos iniciasen reclamos con miras a retornar a la vida democrática. La reacción gubernamental fue autoritaria, encarcelando a periodistas y maestros, e incluso para 1973, confinó en la Amazonía a conocidos líderes de oposición (Espinosa, 2003).

El influjo del capital petrolero permitió a la Administración Rodríguez Lara concretar los proyectos que facilitaron dar un salto de modernidad al país, en especial a la capital de la República. Se fomenta la minería, la pesca, se promociona la pequeña industria y artesanía, se desarrolla la infraestructura, se impulsa la industria militar, y para todo esto, como brazo financiero, se crea el Fondo Nacional de Desarrollo; y, mejora el sistema de recaudación tributaria. Para octubre de 1973, promulga la segunda Ley de Reforma Agraria para apuntalar las medidas que se habían implementado relativas a la propiedad del agua de riego y las acciones adoptadas a favor del agro.[111]

Para 1974, el régimen del Presidente Rodríguez Lara estaba desgastado políticamente, y las expectativas iniciales de cambio que se depositó en su gobierno no lograron consolidarse, lo cual produjo un deterioro inevitable e irreversible de su Administración. El Gral. Raúl González Alvear, *el 31 de agosto de 1975 —en connivencia con miembros desocupados de la clase política agrupados en el Frente Cívico y bajo instigación de sectores de latifundistas y grandes comerciantes afectados por las moderadas reformas del gobierno de Guillermo Rodríguez Lara- se alzó en armas, apoyado por el batallón Epiclachima acantonado en el sur de Quito y por la brigada de Selva Pastaza, apoderándose del Palacio de Gobierno y proclamándose Jefe de Estado. Al ver que no secundaban su pronunciamiento ni las demás guarniciones del Ejército ni la Fuerza Aérea ni la Marina, el general González Alvear se rindió el 1 de septiembre [...] El*

---

[111] Sobre éstas, la revista Vistazo de la época, denunció que *se produjo el mayor despilfarro de los fondos del petróleo con una importación de fertilizantes que significó un descalabro económico por el orden de los 600 millones de sucres, de los cuales 386 fueron una pérdida neta para el Banco Nacional de Fomento* (Espinosa, 2003, pág. 196).

fallido golpe de estado se saldó con 30 muertos (Peña y Gonzalo, 2014, pág. 177).[112]

Estos hechos evidenciaron el nivel de atomización que vivían endógenamente las Fuerzas Armadas, por un lado, y por otro, debilitaron profundamente a la Administración Rodríguez Lara. *Probablemente el error que cometió el Gobierno militar fue presentarse como nacionalista y revolucionario. Su discurso reformista llevó a sectores políticos y de opinión pública a medir los resultados de su administración no en función del desarrollo y del progreso alcanzado por el país, sino de las transformaciones económicas y sociales ofrecidas por los militares, reiteradas por el general Rodríguez en su diaria retórica y que no se produjeron, en parte por la inexistencia de una política social o porque no se llevaron adelante ciertas propuestas contenidas en el Plan de Gobierno. Cierto es que los sectores medios y populares mejoraron sus condiciones económicas, pero también es verdad que se produjo una notable concentración de la riqueza en los grupos sociales altos* (Aguilar Aguilar, 1991, pág. 11)

Para el 11 de enero de 1976, el Gral. Rodríguez Lara era relevado de sus funciones por los Comandantes Generales del Ejército, Gral. Guillermo Durán Arcentales; de la Marina, VAdm. Alfredo Poveda Burbano; y, de la Aviación, Bg. Gral.

---

[112] Este intento de golpe de Estado fallido se conoció con el mote de "La Funeraria", en vista de que las instalaciones de la Funeraria Quito fueron el centro de operaciones de los sublevados (Espinosa, 2003).

Luis Leoro Franco, que ocuparon la Jefatura del Estado a través del Consejo Supremo de Gobierno –conocido como el Triunvirato- que culminó sus funciones el 10 de agosto de 1979.

Al respecto huelga mencionar que el Consejo Supremo de Gobierno *no cambió la política económica-social: siguió el endeudamiento externo excesivo, la congelación de salarios, la ineficiencia y el tortuguismo, el paternalismo público, el derroche y la corrupción; en materia petrolera preservó los intereses nacionales al declarar la caducidad del contrato petrolero con la compañía Gulf, que había intentado extorsionar al Estado, y adquirió sus acciones en beneficio de CEPE* (Aguilar Aguilar, 1991, págs. 11-12); sin embargo, tras vestidores, la Administración militar estableció una alianza por debajo de la mesa con la oligarquía costeña y terrateniente serrana que provocó diálogos complejos que tuvieron que mantener con operadores políticos y exponerse a la presión social.

En la arena del control social, tres hechos exacerbaron el ambiente: la prisión de Monseñor Leonidas Proaño –a quién se le conocía como el Obispo de los Indios-; la represión de los trabajadores zafreros en el ingenio Aztra (Azucarera Tropical Americana); y, el asesinato del director del partido Frente Radical Alfarista, economista Abdón Calderón Muñoz, el 29 de noviembre de 1978 –según el historiador Jorge Salvador Lara, *interpreta las circunstancias de este hecho político-hamponil* [...señalando que...] *los miembros del Triunvirato rechazaron cualquier responsabilidad en el crimen, cuya autoría quedó en el misterio, no obstante que con posterioridad, en un juicio lleno de dudosas incidencias, presiones y hasta cambios jurídicos "ad hoc" que permite cuestionar su validez, fue condenado a 12 años de reclusión el ministro* [Bolívar] *Jarrín Cahueñas* (Espinosa, 2003, pág. 200)-.

Esta realidad[113] en la cual se desempeñaba el Triunvirato orilló a que esta Administración militar anuncie un Plan de Reestructuración Jurídica del Estado para articular el retorno al régimen democrático, mismo que consistía en un referéndum al cual se someterían dos proyectos: a) la Constitución de 1945 reformada –que recordemos era considerada la más progresista-; y, b) una nueva Constitución. Concomitantemente, se formulaba una nueva Ley de Elecciones y, por primera vez en la historia política del Ecuador, una Ley de Partidos Políticos.[114]

---

[113] Osvaldo Hurtado señala que entre los militares, el Presidente del Consejo Supremo de Gobierno, Alfredo Poveda, fue un factor importante para neutralizar los intentos golpistas y para que el proceso democrático culmine –también lo fue, dice, Jimmy Carter-. Recuerda una información que les fue proporcionada a Jaime Roldós y a él por el Embajador de los Estados Unidos, de una carta enviada por el Presidente americano al Almirante Poveda recordándole su vista a la Casa Blanca en la que fue informado de su decisión de restablecer en el Ecuador el sistema democrático (Hurtado Larrea, 1990).

[114] *Para el efecto se constituirían tres comisiones integradas por representantes sociales y de las universidades. Con la anuencia de mi partido (Democracia*

El referéndum se llevó a cabo el 15 de enero de 1978, con la participación del 90% del electorado, triunfando la nueva Constitución con 45% de los votos; la Constitución de 1945, obtuvo 32%; y, los votos nulos ascendieron a 23% (Báez, y otros, 1995). Al respecto conviene señalar que *si bien los movimientos caudillistas –velasquista, poncista y arosemenista– además del Frente Radical Alfarista (FRA), propusieron la tesis del voto nulo en el referéndum, el que llevó adelante la campaña más militante y menos ética fue el industrial León Febres Cordero, que realizó una virulenta acción de desprestigio de los proyectos de Constitución, a los que con la intención les atribuyó vicios y defectos inexistentes, llegando incluso a calificarlos de "impíos"* (Aguilar Aguilar, 1991, pág. 12).

En la política partidista, la Democracia Cristiana, el Conservadurismo Progresista y otros operadores políticos lograban crear la Democracia Popular, y con esa plataforma esta agrupación –de oposición– buscó crear un frente común de centro-izquierda para lo cual se alía con la Concentración de Fuerzas Populares (CFP)[115], para enfrentar en la contienda

---

Cristiana) integré y presidí [Oswaldo Hurtado] *la Tercera Comisión a la que se había encomendado la preparación de las Leyes de Partidos, de Elecciones y de Referéndum. Las comisiones culminaron el trabajo en el tiempo previsto y entregaron los proyectos encomendados a mediados de 1977* (Aguilar Aguilar, 1991, pág. 12)

[115] *Habiendo la Dictadura expedido un decreto inhabilitando la candidatura de Assad Bucaram a la Presidencia de la República se constituyó el binomio integrado por Jaime Roldós Aguilera de CFP para la presidencia y por* [Osvaldo Hurtado] *para la vicepresidencia* (Aguilar Aguilar, 1991, pág. 13)

electoral al oficialismo, que aglutinaba a la triple alianza integrada por conservadores, liberales y socialcristianos, capitaneada por León Febres Cordero, y que puso como punta de lanza al arquitecto Sixto Durán Ballén, además de patrocinar un tercer candidato para controlar el resultado, Raúl Clemente Huerta.

Tras la primera vuelta electoral (16 julio de 1978), el Tribunal Supremo Electoral –al día siguiente, 17 de julio de 1978-, daba a conocer los resultados del proceso: Jaime Roldós 32%; Sixto Durán 21%; Raúl C. Huerta 21%; Rodrigo Borja (12%); Abdón Calderón Muñoz (9%); y, René Maugé (4.7%) (TSE, 1989). Este resultado, que no era esperado por el oficialismo y los grupos conservadores de la costa y la sierra, activaron campañas para desconocer el primer corolario electoral, y en ese juego *el vicepresidente del Tribunal Supremo Electoral, Rafael Arízaga Vega –conocido luego como "la mano negra"- denunciaba la existencia de un fraude electoral mediante el cual supuestamente habíamos triunfado, y proponía la anulación de una parte de los resultados para de esa manera dejar en el primer lugar a Sixto Durán Ballén o Raúl Clemente Huerta […] luego de varias semanas de suspenso […] las fuerzas armadas representadas por el consejo de generales y almirantes destituyeron a los integrantes del TSE y formaron otro, que a partir de ese momento procedió de acuerdo a la Ley* (Aguilar Aguilar, 1991, pág. 14).

De acuerdo a los resultados de julio de 1978, a la segunda vuelta electoral (29 de abril de 1979), se presentaban los dos binomios Jaime Roldós Aguilera y Luis Osvaldo Hurtado Larrea de la entente Concertación de Fuerzas Populares (CFP) y Democracia Popular (DP), que ganó las elecciones con 1'025.148 votos (68.49%) versus Sixto Durán Ballén y José Ycaza Roldós de la coalición Frente Nacional Constitucionalista[116], que obtuvieron 471.657 votos (31.5%) (TSE, 1989).

Con estos resultados Jaime Roldós Aguilera asumió la Presidencia de la República el 10 de agosto de 1979, en ceremonia en la cual el Consejo Supremo de Gobierno –Triunvirato- hizo entrega del poder en el Congreso Nacional; asimismo, desde esa fecha entró en vigencia la Constitución de 1978. *El proceso de transición democrática en el Ecuador fue pionero en América Latina y se constituyó en un ejemplo que fue seguido en los años siguientes por otros países, que también arribaron a la democracia mediante un acuerdo civil-militar* (Aguilar Aguilar, 1991, pág. 14).

★ ★ ★

---

[116] Formado por: Partido Social Cristiano (PSC), Partido Conservador Ecuatoriano (PCE), Partido Revolucionario Nacionalista (PRN), Federación Nacional Velasquista (FNV), Coalición Institucionalista Democrática (CID), Acción Revolucionaria Nacionalista Ecuatoriana (ARNE) y Acción Popular Revolucionaria Ecuatoriana (APRE).

Capítulo XII

ORGANICISMO DEMOCRÁTICO: 25 AÑOS ENTRE EL ESTATISMO Y EL LIBERALISMO ECONÓMICO

Las elecciones presidenciales organizadas por el Consejo Supremo de Gobierno se realizaron en dos momentos: la primera vuelta, domingo 16 de julio de 1978, en la cual participaron seis binomios representando el espectro de operadores políticos existentes; y, la segunda vuelta –nueve meses y trece días después–, domingo 29 de abril de 1979, en la cual se confrontaron los binomios Jaime Roldós Aguilera y Luis Osvaldo Hurtado Larrea contra Sixto Alfonso Durán-Ballén Cordovez y José Ycaza Roldós.

Las elecciones –tanto la primera vuelta (1978) como la segunda (1979)– se desarrollaron en un ambiente de gran expectativa, no solamente porque implicaba el retorno a la vida democrática –tras un período de dictadura civil y de dictaduras militares–, sino que se lo hacía bajo un nuevo contrato social, la Constitución de 1978 –misma que fue aprobada por referéndum el 15 de enero de 1978–.

El resultado del proceso electoral puso al candidato de oposición al régimen en la Presidencia de la República. La Administración Roldós Aguilera, que ganó las elecciones con el 62% de los votos, debía ocupar Carondelet del 10 de agosto de 1979 al 10 de agosto de 1984; sin embargo, tras 21 meses y catorce días de asumido el cargo, y en plenas funciones, un accidente aéreo, el 24 de mayo de 1981, cegó la vida del Mandatario.

Al poco tiempo de su asunción al poder (Agto.1979), su Administración tuvo que lidiar −en virtud de la estructura jurídico partidista adoptada- con el Congreso Nacional, por los efectos desarticuladores que provocaba su programa de reformas, que planteaba fortalecer la democracia, impulsar el desarrollo económico e imponer la justicia social; programa que contradecía la lógica política y de poder dominante, sean éstas de tendencia liberal o conservadora.

El programa de Gobierno se articuló, institucionalmente, a través de la Junta Nacional de Planificación (JUNAPLA, creada en 1954), que en virtud de la Constitución del 79' −Sección IV, Art.89 al 91-, se transformó en el Consejo Nacional de Desarrollo (Correa, 2010).

La crisis económica con la cual tuvo que lidiar la Administración Roldós Aguilera, por el inconsulto endeudamiento externo de los regímenes castrenses[117] la obligó a adoptar medidas que, enmarcadas en su visión programática, provocó enfrentamientos con la oligarquía costeña –especialmente- y terrateniente serrana –menos visible, pero presente-, al introducir una redefinición filosófica e ideológica que reposicionó al Estado como responsable del manejo de la política económica, a más de un mayor control de las libertades otorgadas, otrora, al sector privado. En definitiva, el Gobierno de Roldós Aguilera, introducía una forma de keynesianismo con 'particularidades criollas'[118].

La contradicción no sólo provenía de las clases dominantes; paradójicamente, el programa de justicia social empoderó a las clases obreras que presionaron al Gobierno para que implemente reformas de justicia sobre la distribución de la riqueza. A esto debe sumarse que la Administración Roldós Aguilera enfrentaba –siendo el primer Gobierno democrático-, el reto axiológico de preservar el sistema constitucional; manejar los enfrentamientos con el

---

[117] *En 1976 Ecuador se endeudó en 248 millones* [de dólares]*, los años de mayor endeudamiento fueron 1977, 1978 y 1979. Sólo en 1978 fueron contratados préstamos por 1.132 millones de dólares* […] *entre 1975 y 1980 para amortizar el capital y los intereses de lo recibido se debería haber destinado 61.5% del total de exportaciones ecuatorianas* (Espinosa, 2006, pág. 97).

[118] Concepto adaptado por los autores, en función del criterio ideológico y político de China conocido como *Socialismo con particularidades chinas* (Ríos, 1997, pág. 115).

Legislativo –articulados por las estructuras de poder–; y, conciliar los conflictos sociales (Mills, 1984).

La lucha con el legislativo, a pesar de que el Congreso estaba liderado por Assad Bucaram –tío de su esposa, Martha Bucaram Ortíz–, se manifestó de inmediato, al punto que el Presidente Roldós Aguilera ante la oposición encabezada por representantes de la oligarquía costeña –básicamente– los llamó 'patriarcas de la componenda' y a su cabeza más visible, León Esteban Francisco Febres-Cordero Ribadeneyra, como 'insolente recadero de la oligarquía'. Las tensiones llevaron al Presidente Roldós a presentar un *proyecto* [...con el cual...] *intentaba resolver la pugna, pues si el Congreso lo rechazaba, recurriría al previsto constitucional de proponerlo al pueblo en un referéndum. Si el pueblo lo aprobaba, Roldós disolvería el Congreso y convocaría a elecciones legislativas* (Espinosa, 2003, pág. 205)[119].

A fines de enero de 1981 se produjo el conflicto fronterizo entre el Ecuador y el Perú, recordándonos que había viejas cuentas no

---

[119] *La segunda semana de la crisis se inició el 14 de abril con mayores posibilidades de solución* [...] *por un grupo de ciudadanos de alta distinción, sugerencia aceptada tenuemente por ambas partes. Conformada por Galo Plaza, Andrés F. Córdova, Clemente Yerovi, Gonzalo Cordero Crespo y el Cardenal Pablo Muñoz Vega, la llamada "Comisión de Notables" desempeñó durante esta crisis un papel parecido al desempeñado por una sucesión de comisiones y juntas ad-hoc que habían aparecido en circunstancias semejantes a lo largo de 150 años de vida republicana* (Mills, 1984, pág.48)

saldadas, conflicto pronto conocido como la "guerra de Paquisha"[120]
(Silva Charvet, 2004, pág. 127). *El país entero reaccionó ante la
crisis que terminó por resolverse en los foros de la Organización de
Estados Americanos, pero que dejó al Ecuador con varios soldados
muertos y un creciente aumento de la deuda externa* (Espinosa,
2003, pág. 206).

El segundo hecho internacional de especial relevancia en la
Administración Roldós Aguilera, fue la propuesta de una
'Carta de Conducta" a los Presidentes Iberoamericanos,
cuyo objetivo era afianzar el sistema constitucional y la
vigencia de los derechos humanos. El documento, que se
conoce como 'La Carta de Riobamba', se suscribió el 23 de
septiembre de 1980 (Gamboa, y otros, 2005).

El agotamiento del Jefe del Estado, que se reflejó en la
debilidad gubernamental, y tras las tensas situaciones vividas
por el Ecuador, se revirtió en una conducta opositora de
los sectores sociales a más de los políticos. Este sentimiento
de oposición se manifestó cuando el Presidente Roldós
Aguilera, en un acto de condecoración a los héroes de la
cordillera de El Cóndor, en el Estadio Olímpico Atahualpa
de la ciudad de Quito, el 24 de mayo de 1981, al culminar
su alocución y sentenciar que el Ecuador era *País Amazónico,*

---

[120] Sobre el conflicto fronterizo de Paquisha hay algunas obras escritas
entre las principales véanse: Alfonso Barrera Valverde (1982); Claudio
Mena (1981); Francisco San Pedro (1983); entre otras.

desde siempre y hasta siempre ¡Viva la Patria! (Molina, 2009); fue abucheado por cerca de 45 mil personas que asistían al acto.

Concluido el evento, el Presidente Roldós Aguilera, acompañado de su esposa Martha Bucaram de Roldós, *parten rumbo a Macará para presidir un acto en memoria a los caídos en Paquisha, Mayaycu y Machinaza. El avión nunca llegó a su destino* (Espinosa C., 2003, pág. 206), la pareja Presidencial muere el domingo 24 de mayo de 1981.

Ese mismo domingo, el Vicepresidente de la República, Dr. Luis Osvaldo Hurtado Larrea, asumía la jefatura del gobierno[121] (24 May.1981), y en el marco de las honras fúnebres en la catedral de Guayaquil dos días después (26 mayo 1981), el Presidente Hurtado Larrea en su alocución invocó *la ayuda de Dios y el Pueblo para continuar la transformación social y económica iniciada por* [Roldós Aguilera] (Hurtado Larrea, 1990, pág. 227). En principio, el modelo liberal reeditado por su antecesor se dibujaba como el camino que adoptaría la Administración Hurtado Larrea;

---

[121] Lo acompaña en la Vicepresidencia de la República, quien hasta entonces ocupaba el cargo de Presidente de la Junta Monetaria, León Roldós Aguilera, hermano menor del fallecido Jefe del Estado. Su nombramiento fue realizado por el Congreso Nacional —y a criterio nuestro-, esta designación se debió más a razones de carácter sentimental, que con una visión sistémica del Estado, para lo cual utilizaron la normativa contenida en la Constitución de 1978 (Sección II, Art.83 CP).

quien a pesar de haber ganado las elecciones junto a Jaime Roldós con una agenda ideológica liberal-moderada, se mostrará inmediatamente, en el plano filosófico político, como hombre de centro derecha.

Las condiciones económicas que vivía el país eran complejas: la deuda externa −su servicio- comprometía el desarrollo y el crecimiento; a las cuales debe sumarse el coste de la guerra de Paquisha y los efectos devastadores del fenómeno del Niño. Esto impulsó al Presidente Hurtado Larrea a re-conceptualizar el programa con el cual se había comprometido el 26 de mayo de 1981 y, el 15 de junio de ese año, se dirige al pueblo ecuatoriano y le informa que el país ingresaría a un régimen de austeridad −restricción del gasto público y contención de la inflación, entre otras medidas-. El conjunto de acciones a ser adoptadas, lo redefinían en lo ideológico, con lo cual claramente daba pasos firmes hacia la implementación de políticas neo-liberales, propias de las propuestas más ortodoxas.

Para el efecto, y considerando como mayor lastre la deuda externa, con apoyo de la Comisión Económica para América Latina (CEPAL) y del Sistema Económico Latinoamericano (SELA), y con miras a concertar esfuerzos regionales frente a la crisis económica y el abordaje de la problemática del endeudamiento, convoca a la Conferencia Económica Latinoamericana de Jefes de Estado en Quito (12 y 13 de

Ene.1984), cuyo colofón fue la aprobación y suscripción de la 'Carta y el Plan de Acción de Quito' (Peña, 2016)[122]

Esta iniciativa tuvo problemas en el mundo real. La recesión que registra la economía internacional afectaba a los países desarrollados, con las derivaciones propias de este tipo de realidades, cuyos efectos eran asumidos por los países en vías de desarrollo, que afectaba las relaciones de intercambio y costes de los commodities, dificultad de acceso a los mercados de consumo −proteccionismo comercial-, reducción en la adquisición de hidrocarburos, reducción de los precios del petróleo; a lo cual debe sumarse un incremento, en lo financiero, de los intereses sobre los préstamos internacionales que, incluso, provocó el cierre de financiamiento en especial a los países latinoamericanos, en el segundo semestre de 1982 (Alburquerque, y otros, 1988).

---

[122] Los objetivos más importantes de este cónclave fueron: a) que se contemple la creación de un procedimiento institucionalizado para la reestructuración de la deuda, quizás como un esfuerzo conjunto del FMI y del Banco Mundial; b) que las reprogramaciones incluyan los vencimientos de varios años, estableciendo plazos de amortización más largos y, eventualmente, transformando una parte sustancial de la deuda de corto y mediano plazo de ciertos países en obligaciones de largo plazo; c) que se prevea el otorgamiento de recursos adicionales para atender al servicio de la deuda acumulada, y que permita mantener la capacidad operativa de los países para administrar su comercio exterior; d) que se disminuya el costo del refinanciamiento; y, e) que se facilite el acceso a créditos públicos adicionales para estimular el desarrollo económico (Bacomex, 1984)

La economía ecuatoriana, complicada y conflictuada con la tradicional pugna política, se había deteriorado, el PIB de 1980 fue del 5%, el de 1983 de -3.3%; el déficit consolidado del sector público subió a 6.7% en 1982 y la balanza de pagos al 10.5% del PIB. La inflación ascendió al 63% en septiembre de 1983, y se devaluó la moneda de 25 sucres a 33 sucres por dólar (Acosta, 2001).

Empujado por los grupos oligárquicos costeños –en primer lugar- y terratenientes de la sierra –que lo secundaban- el Gobierno de Hurtado Larrea decide inclinarse definitivamente por las tesis neoliberales más ortodoxas, adoptando la llamada 'sucretización'[123] de la deuda externa privada, para lo cual *no se establecieron mecanismos para saber si las deudas declaradas estaban realmente pagadas, puesto que el Banco Central sólo registraba su ingreso mas no su pago cuando se realizaba con dólares en el mercado libre, lo cual representó el 85% de los casos; se permitió, sin tener derecho alguno, que se beneficien de la sucretización los banco del exterior matrices o vinculados con oficinas bancarias de Ecuador, así como empresas extranjeras o subsidiarias; el refinanciamiento de operadores con los*

---

[123] *Como consecuencia de las devaluaciones y las altas tasas de interés internacionales, la situación del sector privado endeudado en dólares se volvió insostenible, por lo que en 1983 el Gobierno demócrata cristiano del doctor Osvaldo Hurtado asumió la deuda privada con la banca internacional, la cual alcanzaba un monto de 1'476.6 millones de dólares, correspondiente a 40.000 operadores y 15.000 "clientes", mientras que el sector privado debía pagar al Estado en sucres y en condiciones bastante ventajosas (Correa, 2010, pág. 45)*

mismos documentos inválidos como simples fotocopias, u operaciones con los mismos documentos más de una vez o por más del valor correspondiente (CAIC, 2016).

En lo político y a pesar de que las élites costeñas y serranas se beneficiaron de la medida macroeconómica adoptada –sucretización-, hubo una actitud negativa de los gremios empresariales, sobre todo a partir de la asunción de León Esteban Francisco Febres-Cordero Ribadeneyra a la Presidencia de la Cámara de Industriales, quien inspiraba y lideraba las críticas contra el Gobierno.

La gobernabilidad del país oscilaba entre media y débil, que encontró su punto de equilibrio a inicios de 1984 cuando se llevó a cabo la primera vuelta electoral (domingo 29 de enero), en la cual se advertía que el Ecuador pasaría a manos de los socialdemócratas, liderados por el Dr. Rodrigo Borja Cevallos, quien había obtenido en esta primera etapa una mayoría relativa (28.7%) sobre el candidato conservador, León Esteban Francisco Febres-Cordero Ribadeneyra (27.2%).

La segunda vuelta electoral (domingo 6 May.) rompió los pronósticos que aseguraban a los socialdemócratas la victoria, y permitió que la tercera 'restauración conservadora'[124] se

---

[124] Históricamente la primera fue encabezada por Gabriel García Moreno, la segunda por Camilo Ponce Enríquez, y la tercera por León Febres Cordero.

haga del poder, con el ingeniero León Esteban Francisco Febres-Cordero Ribadeneyra y su binomio el doctor Blasco Peñaherrera Padilla. Este dúo conservador que se presentó como Frente de Reconstrucción Nacional[125], obtuvo 1'381.709 votos (51.5%), con el eslogan "Pan, Techo y Empleo"; mientras el doctor Rodrigo Borja Cevallos y Aquiles Rigail, de la entente Izquierda Democrática y Pueblo, Cambio y Democracia, apoyados por Acción Popular Revolucionaria Ecuatoriana, obtenían 1'299.089 votos (48.5%) (TSE, 1989).

El país entraba con la victoria de León Febres-Cordero a una nueva etapa de Administración conservadora (del 10 Agto.1984 al 10 Agto.1988), que se alineó inmediatamente con las tesis económicas liberales y neo-liberales. Así, en concordancia con las medidas de ajuste, que eran recetas provenientes del Fondo Monetario Internacional y del Banco Mundial —cuya validación se veía en los resultados económicos de las políticas definidas por los 'Chicago Boys'[126] en Chile-, elevó los ingresos en proporción algo

---

[125] Conformado por: Partido Social Cristiano; Partido Conservador Ecuatoriano; Partido Liberal Radical Ecuatoriano; Partido Nacionalista Revolucionario; Coalición Institucionalista Democrático; y, la Federación Nacional Velasquista.

[126] Mote con el cual se hace referencia a los economistas liberales educados en la Universidad de Chicago, quienes se formaron bajo la dirección de los estadounidenses Milton Friedman y Arnold Harberger. A los Chicago Boys se les atribuye la formulación e implementación de reformas económicas y sociales que llevaron a la creación de una política

superior a la inflación y administró la política económica a través de decretos urgentes —se contabilizaron 26—. Asimismo, entre las medidas adoptadas, implementó la recompra de la deuda o segunda 'sucretización'[127], con la cual favoreció a los deudores privados y perjudicó al Estado.

Su Administración enfrentó la oposición del legislativo desde el denominado 'Bloque Progresista'; sin embargo, su carácter y temperamento lo orillaron a tomar medidas autoritarias que rayaban en la inconstitucionalidad, como fue la imposición de sus magistrados en la Corte Suprema de Justicia; la articulación de la represión ante manifestaciones estudiantiles; y, a finales de 1984, al emerger el grupo Alfaro Vive Carajo (AVC), establecer como Política de Estado de lucha contra el terrorismo.[128]

---

económica referenciada en la economía de mercado de orientación neoclásica y monetarista, y a la descentralización del control de la economía (Delano & Traslaviña, 1989).

[127] *En el Gobierno socialcristiano del ingeniero León Febres-Cordero (1984-1988), se ampliaron aún más las ventajosas condiciones de la sucretización para el sector privado, siempre en perjuicio del Estado: se extendió el plazo de pago de la deuda sucretizada de tres a siete años; se incrementó el período de gracia, [...] se estableció la tasa de interés de la deuda en el 16%, cuando las tasas superaban el 28%; y se anuló la comisión de riesgo cambiario, congelando el tipo de cambio a 100 sucres por dólar* (Correa, 2010, pág. 46)

[128] Huelga recordar que bajo este paraguas de lucha contra la insurgencia, el Gobierno del Presidente León Febres-Cordero cometió un sinnúmero de violaciones a los derechos humanos.

En materia de política exterior, ésta se alineó directamente a los intereses norteamericanos, que le granjeó, incluso, el calificativo de 'líder modelo para introducir estrategias de desarrollo orientados al libre mercado' por parte del Presidente de los Estados Unidos, a la sazón Ronald Reagan. En esa lógica de vinculación con los EUA, se produjo, un rompimiento con el Grupo Andino –por las políticas restrictivas a la inversión extranjera- e incluso, quebrantamiento de las relaciones diplomáticas con el Gobierno sandinista de Nicaragua –recuérdese que para la época, los EUA tenían como teatro de operaciones para la lucha antisubversiva a Centroamérica-. Otro hecho de política exterior fue la visita al Ecuador del Pontífice Juan Pablo II, del 29 de enero al 1 de febrero de 1985.

Las gestiones de la Administración Febres-Cordero enervaban la vida política y social del país, y encontraron su punto de quiebre cuando el Tnt. Gral. Frank Vargas Pazos, aduciendo motivos éticos –por la corrupción y mal manejo de los recursos del Estado- y políticos –adopción de medidas antipopulares y macroeconómicas que beneficiaban a los grupos empresariales más poderosos de la costa-, en la Base "Taura", en la ciudad de Guayaquil, provincia de Guayas, el 8 de marzo de 1986, *se rebeló contra el ministro de Defensa, general Luis Piñeiros, al denunciar el supuesto negociado de un Fokker y expresar su malestar por considerar que la FAE estaba siendo marginada dentro de las Fuerzas Armadas. […] El levantamiento duró varios días, pero culminó cuando una comisión negociadora logró que Vargas se entregue el 11 de marzo [...de 1986...] y fuera llevado a Quito* (El Universo, 2008).

Este hecho político debilitó profundamente al Gobierno socialcristiano, al punto que en marzo de 1987[129], cuando el Presidente Febres-Cordero impulsa un plebiscito sobre la participación de los independientes para las dignidades de elección popular, es derrotado.

La falta de cumplimiento de los compromisos asumidos en Taura en marzo del 86' provocó que *casi un año después, el 16 de enero de 1987, durante una visita que realizó con su comitiva a la base de Taura, LFC* [León Febres-Cordero] *fue secuestrado por comandos que le exigieron la liberación de Vargas, quien había recibido una amnistía del Congreso. [...] El Mandatario y el país vivieron doce horas de tensión. Febres-Cordero fue liberado junto a su ministro de Defensa, Medardo Salazar, y su comitiva una vez que firmó la orden de liberación de Vargas y un compromiso de no tomar represalias. El saldo fue de cinco muertos, entre ellos dos escoltas* (El Universo, 2008).

---

[129] *El 5 de marzo de 1987, el Ecuador fue golpeado por dos terremotos. El primero, a las 20h54, con una magnitud de 6.1 y el segundo, a las 23h10, con una magnitud de 6.9. El saldo final fue 1000 muertos y daños materiales por Us$.1000 millones, pero la mayor destrucción no se produjo por los sacudones de tierra, sino por los deslaves* (Albornoz Guarderas, 2013).

A este conjunto de traspiés políticos, se sumó el resultado de las elecciones –presidencial y legislativas-, celebradas el 31 de enero de 1988, en las cuales ganó la oposición que captó 43 de 71 curules –12 en diputaciones nacionales para el período 1988-1992, y 59 en diputaciones provinciales, para el período 1988-1990-; siendo la tienda política que más representantes adquirió en el Congreso Nacional, el partido Izquierda Democrática (ID) –de tendencia socialdemócrata-, con 29 diputados y el partido de Gobierno –Social Cristiano (PSC)- 8 diputados (El Universo, 2002); este resultado definió un tablero político distinto con una correlación de fuerzas evidente.

Este proceso electoral (Ene.1988), que en lo referente a la elección del Presidente fue la primera vuelta, puso como contrincantes a medirse en la segunda vuelta (domingo 8 May.1988) al doctor Rodrigo Borja Cevallos con su compañero de fórmula, el ingeniero Luis Parodi Valverde, de la ID, con el lema 'Justicia Social con Libertad', vencen con 1'700.648 votos (54.0%); y el abogado Abdalá Jaime Bucaram Ortíz y su binomio Hugo Amado Caicedo Andino, del partido Roldosista Ecuatoriano (PRE), que obtienen 1'448.498 votos (46.0%) (TSE, 1989).

Se daba inicio al Gobierno socialdemócrata de la Izquierda Democrática, con el doctor Rodrigo Borja Cevallos como Jefe de Estado y de Gobierno. La Administración Borja

Cevallos, con base a la Constitución de 1978 reformada, iniciaba su gestión con amplia mayoría parlamentaria. *El nuevo Gobierno heredaba un país en profunda crisis económica y social* (Alcántara Sáenz & Freidenberg, 2001, pág. 325); y en ese sentido, buscaría articular un modelo de desarrollo fundamentado en el aumento del consumo, dinamizando la política social para que presione sobre el aparato productivo, aunque distante a la propuesta de la teoría relacionada con la implementación de un sistema de economía mixta –en la que convive la planificación estatal con la propiedad privada, que estaba contenido en el ideario de la Izquierda Democrática–.

En la toma de posesión del Mando (Agto.1988) delineó lo que sería su gestión durante el cuatrienio 1988-1992: a) desarrollar e implementar un sistema más amplio de participación política; b) reactivar la economía con un programa de emergencia para la *búsqueda de la estabilidad macroeconómica con planes de ajuste que consiguieran bajar la inflación, estabilizar la economía y bregó por emprender una serie de reformas estructurales vinculadas a las políticas de ajuste estructural y de apertura de la economía; la reprogramación de la deuda externa y el control sobre determinadas áreas estratégicas por parte del Estado en la economía* (Alcántara Sáenz & Freidenberg, 2001, pág. 325); c) recuperación e implementación de una axiología desde el Estado; y d) alcanzar una 'paz con dignidad' –haciendo referencia a las relaciones vecinales con el Perú–[130].

La Administración Borja Cevallos, recupera la agenda liberal-moderada –adecuada a la realidad imperante- y durante los primeros dos años gobernó no sólo con un legislativo mayoritariamente de su partido, sino que cooptó la Corte Suprema de Justicia: el Estado –y sus funciones- era socialdemócrata en su integridad, hecho que se daba por primera vez dentro de la vida democrática del país.

Su gestión se orientó a reestructurar el aparato instituido por el régimen anterior, y darle una lógica con carácter más civil a la institucionalidad, fomentando el respeto de los derechos humanos y el debido proceso como garantía de los mismos; redefine la lucha antisocial de una visión represiva a una investigativa.[131]

En lo político, lo más significativo radica en la confrontación con los estamentos indígenas que reclamaban el reconocimiento de un estado plurinacional, territorios

---

[130] Sobre este tema de política exterior, en palabras de Simón Espinosa: *El mensaje suscitó la esperanza, porque el Servicio Exterior se había politizado, las relaciones con América Latina yacían postradas […] consecuencia de la 'dictadura civil' de Febres-Cordero* (Espinosa, 2003, pág. 216)

[131] Elimina el Servicio de Investigación Criminal (SIC), acusado de ser un centro de torturas, para crear la Oficina de Investigación del Delito, organismo técnico para la seguridad de la sociedad.

autónomos y mayores derechos para sus comunidades. Este planteamiento etno-discursivo, se lo articulaba a través de la Confederación de Nacionalidades Indígenas del Ecuador (CONAIE)[132] que se había formado en 1986 y que durante la Administración Borja Cevallos, adquirió pleno reconocimiento por un lado; y por otro, la negociación con la agrupación subversiva Alfaro Vive ¡Carajo!, a la cual logró desmovilizar.

Esta última acción generó, sumada a los altos gastos incurridos durante los primeros dos años de gobierno (1988-1990) y la nacionalización de la industria petrolera, reacciones a nivel nacional, mismas que fueron capitalizadas por la oposición que en las elecciones legislativas del domingo 17 de junio de 1990 –para reciclar 60 diputados provinciales y 12 nacionales, para el período 1990-1992-, la correlación de fuerzas puso al frente del Congreso Nacional al Partido Social Cristiano (PSC) con una mayoría de 16 diputados, luego con 14 diputados a la Izquierda Democrática (ID) y como tercera fuerza política, con 13 diputados, al Partidos Roldosista Ecuatoriano (PRE).

---

[132] La CONAIE está conformada por las organizaciones ECUARUNARI –representa a los indígenas de la Sierra ecuatoriana, con 45% de los delegados-; CONFENIAE –de la amazonia ecuatoriana, con 30% de representantes-; y, CONAICE –representa a la costa ecuatoriana y tiene 25% de representación-. Huelga recordar que la CONAIE estructura su brazo político PACHAKUTIK en 1995, cuya tendencia ideológica ajustó el discurso etno-político a las del socialismo.

Esta nueva correlación de poder, obligó a que la Administración Borja Cevallos tuviera que entrar en negociaciones con la oposición, con miras a facilitar la gobernabilidad y viabilizar los programas del Gobierno por el período que le restaba (1990-1992). Esta situación política dio paso a una entente ideológicamente incongruente, pero políticamente real: el Febres-Borjismo. El partido socialdemócrata se aliaba con el socialcristiano; el centro izquierda caminaba de la mano con la derecha conservadora.

Su política económica, que buscaba reactivar con un programa de emergencia el empleo intensivo, poner reglas laborales claras, contener la inflación, democratizar las líneas de crédito para la producción, se diluyó frente a las realidades diametralmente opuestas, a pesar de haber impulsado un estricto control al gasto público y la emisión de dinero –que el Banco Central realizaba como política monetaria para afectar el comercio exterior-, la inflación terminó en promedio anual del 51.79%, una reserva monetaria de 445 millones y un crecimiento económico inferior al programado (Acosta, 2001).

En lo social, sin que las medidas adoptadas hayan sido estructurales, diseñó y articuló la Campaña Nacional de Alfabetización "Monseñor Leonidas Proaño", reduciendo el analfabetismo al 9.6 por ciento; creó el Programa Nacional "El Ecuador Estudia", para garantizar la educación en los sectores deprimidos. Estos proyectos iban de la mano de la iniciativa de educación Preescolar No Convencional; de la Capacitación Ocupacional; del Desarrollo Cultural y Artístico; y, del Desarrollo Profesional, Científico y Tecnológico. Implementó el programa para que los estudiantes recibieran el desayuno escolar de modo gratuito.

En lo internacional, su Administración tuvo que vivir un fenómeno mundial que cambió el esquema bipolar –la guerra fría y la contención- que hasta ese momento regía las relaciones exteriores, cuando en 1989 'urbi et orbe' se mira estupefacto la 'Caída del Muro de Berlín', lo que *influyó para que su política exterior estuviera más cercana a los Estados Unidos* [...Sin embargo de esta proximidad, el Ecuador...] *se incorporó al –Grupo de los 8-; al de Contadora; restableció las relaciones con Nicaragua (que habían sido irrumpidas por el gobierno anterior) e intensificó las relaciones con Cuba. Principalmente la política exterior estuvo basada en los principios de la no intervención y la libre determinación de los pueblos así como también en fomentar la integración latinoamericana. Pero lo más importante de la gestión fue el reconocimiento por parte del Perú*[133] *de la existencia de un conflicto fronterizo* (Alcántara Sáenz & Freidenberg, 2001, págs. 326-327).

---

[133] *Los presidentes de Perú y de Ecuador, Alberto Fujimori y Rodrigo Borja, respectivamente, se mueven por un terreno resbaladizo y difícil en las conversaciones que iniciaron ayer en Quito* [...9 de enero de 1992...] *con motivo de la primera visita oficial de un jefe de Estado peruano a su vecino del Norte* (El País, 1992) el subrayado es nuestro.

El ambiente político nacional vivía, para inicios de 1992, una relativa calma. Los operadores políticos habían articulado mecanismos de participación para las elecciones que se celebraron el domingo 17 de mayo de 1992 –primera vuelta-, y el domingo 5 de julio de ese año –segunda vuelta-. Las estructuras de poder conservadoras, para garantizar el ingreso de sus 'preferiti', ponen a correr en esta carrera hacia la Presidencia a dos binomios: a) Sixto Alfonso Durán Ballén Cordovez[134] y Alberto Dahik Garzozi, del Partido Unidad Republicana y Partido Conservador Ecuatoriano; y, b) Jaime José Nebot Saadi y Galo Vela, del Partido Social Cristiano, frente a las postulaciones de Abdalá Bucaram y Marco Proaño, del PRE; Raúl Vaca y Jaime Gallardo, de la ID; Frank Vargas y Alfredo Larrea, de APRE; León Roldós y Alejandro Carrión, del PSE; Fausto Moreno y Carlos Carrillo, del MPD; Vladimiro Álvarez y Reinaldo Yanchapaxi, de la DP; Averroes Bucaram y Patricio del Pozo, del CFP; Bolívar Chiriboga y Zoila Laad, del APRE; Gustavo Iturralde y Edison Fonseca, del FADI; y Bolívar

---

[134] Cabe señalar que el Arq. Durán-Ballén era miembro fundador del Partido Social Cristiano (PSC), y que para efectos de las elecciones de 1992, crea el partido Unidad Republicana. Durán-Ballén tiene un largo trajinar en la vida política del Ecuador: colaboró con Galo Plaza Lasso, en el proyecto de reconstrucción de Ambato en 1949; fue Ministro de Obras Públicas del Presidente Camilo Ponce; Alcalde de la ciudad de Quito; y candidato presidencial para las elecciones de 1978-1979 y elecciones de 1988; Diputado Nacional y Presidente de la Junta Nacional de la Vivienda.

González y Luis Druet, del Partido Assad Bucaram (PAB) (Observatorio Electoral, 2016)

En la primera vuelta electoral (May.1992) ganan las dos primeras ubicaciones ambos binomios conservadores, permitiéndoles confrontarse en la segunda vuelta electoral (Jul.1992). Con los resultados de esta segunda vuelta, claramente se impuso una cuarta "restauración conservadora" desde que se fundó la República en 1830.

El candidato del Partido Unidad Republicana y Partido Conservador Ecuatoriano, Arq. Sixto Durán-Ballén y su binomio Eco. Alberto Dahik, en la segunda vuelta electoral vencían con 2'146.762 votos (57.32%), sobre los candidatos del Partido Social Cristiano, Jaime Nebot y Galo Vela, que obtuvieron 1'598.707 votos (42.68%) (Freidenberg & Alcántara Sáenz, 2001).

Se inauguraba, el 10 de agosto de 1992, la Administración de Durán-Ballén, de tendencia conservadora y ortodoxa neoliberal.[135] *La estabilización volvía a ser necesaria luego de la relajación fiscal del anterior gobierno. Se esperaba además un proceso que modernice la estructura del país y del Estado. Los cambios que*

---

[135] Introduce un amplio programa de estabilización, para lo cual contó con el asesoramiento de una Misión del Fondo Monetario Internacional, cuyo aporte fue entregar un conjunto de piezas legales con el fin de reformar el sector financiero, los sectores de energía y el sector agrario.

vivían nuestros vecinos [...-Colombia y Perú...-] *nos daban a entender que la globalización y privatización iban a llegar al Ecuador* (Crespo Polo & Guerrero Bravo, 1998, pág. 31). La agenda de reformas estructurales provenientes de esta ideología impulsaba como política la austeridad y la privatización de los sectores estratégicos –telecomunicaciones, hidrocarburos y electricidad–.

La transformación de la reducción del Estado se activó de manera paralela, para lo cual aprobó la Ley de Modernización, que en el fondo era una legislación que buscaba poner las bases para facilitar el proceso de privatizaciones, que lo articuló a través del Consejo Nacional de Modernización del Estado (CONAM).

Las medidas de ajustes se sostenían en dos premisas: acumulación de dinero y aumento de las exportaciones. Estas premisas provocaron, al momento de articularse, problemas en lo político –se reeditó la lucha entre el ejecutivo y el legislativo- y en lo social –paros, reclamos y huelgas-. La inflación descendió durante los primeros dos años de gestión (1992-1994) en un promedio bianual de 28.65%; la reserva internacional subió a 1.712 millones de dólares; el desempleo cayó al 7.1% y el subempleo al 45.2%. Hubo una reducción del déficit fiscal de 2.5%. Estas políticas requerían liberarse de las cuotas sobre el commodity más valioso que tiene el Ecuador: el petróleo, por lo que rompió con la Organización de Países Exportadores de Petróleo (OPEP) y vendió su producción por encima de las cuotas asignadas. La agenda de intercambio se articuló a través de mecanismos de liberalización del comercio.

Finalmente, como 'pièce de résistance' y para facilitar su programa de Gobierno, convoca a una Consulta Popular (28 Agto.1994), para reformar otra vez la Constitución de 1978, y viabilizar las medidas para implantar el modelo económico neoliberal[136], lo que empoderó al Gobierno para la ejecución de las medidas propuestas.

La conflagración con el vecino del sur, que se agudizó a partir del 26 de enero de 1995, aupó la fortaleza del Gobierno, luego de que se produjo el desalojo de una base militar peruana hallada en territorio ecuatoriano y la reacción del Perú, el 27 de enero de 1995, que se articuló con el ataque en el frente del Alto Cenepa y en el sector del río Santiago. El país, en manos de la Cancillería, inicia

---

[136] El referéndum (1994), que se conoció como Consulta Popular, constó de siete preguntas, cuyos resultados fueron: Pregunta 1, SI (39.71%) NO (27.52%) Blancos (14.18%) Nulos (18.57%); Pregunta 2, SI (45.18%) NO (24.30%) Blancos (15.82%) Nulos (14.68%); Pregunta 3, SI (11.32%) NO (56.91%) Blancos (16.55) Nulos (15.20%); Pregunta 4, SI (32.35%) NO (27.52%) Blancos (18.67 %) Nulos (21.44%); Pregunta 5, SI (35.94%) NO (31.97%) Blancos (16.63%) Nulos (15.44%); Pregunta 6, SI (33.92%) NO (26.95%) Blancos (17.92%) Nulos (21.19%); y la Pregunta 7, SI (52.49%) NO (19.58%) Blancos (14.30%) Nulos (13.61%) (WikipediA, 2016).

inmediatamente negociaciones diplomáticas para buscar el cese al fuego, el alto de las hostilidades y el repliegue de las fuerzas –negociación que se concretó en la Declaración de Itamaraty, Brasilia–.

En marcha el proceso de negociación, la unidad nacional que se había forjado en el marco de la confrontación con el Perú, fue empañada por los hechos suscitados *entre agosto y septiembre de 1995, cuando se dio inicio al juicio político en contra del Vicepresidente Alberto Dahik, por el caso denominado 'Gastos Reservados'* (Sigcha, 2010).

El 11 de octubre de 1995, el Presidente de la Corte Suprema de Justicia, emitía la respectiva orden de prisión en contra del Vicepresidente Dahik –quien mediante una misiva dirigida al Congreso Nacional, renuncia al cargo-, y el otrora segundo mandatario, huía del país solicitando refugio político en Costa Rica.[137]

---

[137] Sobre este tema procede mencionar que *el presidente Rafael Correa, al cierre de su informe de labores [...31 de agosto de 2010...] en la Asamblea, pidió amnistía para el "buen amigo" Alberto Dahik, como un "acto de justicia" a una víctima más de la persecución política de Febres Cordero.* [...En el documento presentado por el economista Rafael Correa a la Asamblea Legislativa, argumenta una supuesta 'judicialización de la política' y explica que el caso de Dahik responde al secuestro de la Función Judicial por parte del otrora partido político más influyente del país (PSC), personalizado en el ex presidente León Febres-Cordero,...] (El Universo, 2010) *Grave confusión del Presidente, pues resulta que el juicio político lo encabezó Juan José Castelló, del MPD, por razones políticas: el mal uso de los fondos públicos* (Sigcha, 2010).

Vacante el puesto, el Presidente de la República remite una terna al Congreso Nacional para que se designe al nuevo ocupante de la segunda magistratura. El Congreso eligió a Eduardo Peña Triviño con 48 votos de los 77 miembros del legislativo, quien ocupa dichas funciones desde el 18 octubre de 1995 al 10 de agosto de 1996.

Con nuevos actores y viejas mañas, la Administración Durán-Ballén convoca a una segunda Consulta Popular el 26 de noviembre de 1995, mediante la cual buscaba completar e implementar un andamiaje jurídico que le permitiera continuar y consolidar la 'modernización del Estado' (Gijardo, 1996). Planteó 11 preguntas, de las cuales ninguna superó el umbral del 35% de los votos a nivel nacional (Jaramillo J., 1996).

Con esta derrota termina el cuarto gobierno de la 'restauración conservadora' en el primer semestre de 1996; lapso en el cual se inició la campaña electoral que concluyó con las elecciones presidenciales (primera vuelta, domingo 19 de mayo de 1996; segunda vuelta, domingo 7 de julio de 1996), que enfrentó a todo el espectro de operadores políticos.

La definición electoral en la segunda vuelta (Jul.1996) confrontó a los candidatos Abdalá Jaime Bucaram Ortíz del Partido Roldosista Ecuatoriano (PRE) y Rosalía

Arteaga Serrano[138] del Movimiento Independiente para una República Auténtica (MIRA), con los representantes del conservadurismo más radical de la costa y la sierra, Jaime José Nebot Saadi y Diego Cordovez Zegers, del Partido Social Cristiano (PSC). Vence la fórmula Bucaram Ortíz / Arteaga Serrano, con 2'285.397 votos (47.84%) sobre el binomio Nebot Saadi / Cordovez Zegers, que obtienen 1'910.651 votos (39.93%) (CSIS, 2002).

En este punto conviene hacer una digresión: la asunción del PRE a la Primera Magistratura representó el empoderamiento, por segunda ocasión, del populismo[139] en el Gobierno. La primera, con el doctor José María Velasco Ibarra, quien encarnó al populismo-ilustrado; y, la segunda,

---

[138] Huelga señalar que la doctora Rosalía Arteaga Serrano fue la primera mujer que alcanzó la Vicepresidencia a través de un proceso de elección popular. La Dra. Arteaga Serrano militó hasta 1986 en el Partido Social Cristiano (PSC); colaboró con el Gobierno del Arq. Sixto Durán-Ballén como Ministra de Educación; y creó el Movimiento Independiente para una República Auténtica (MIRA) en 1995.

[139] *El populismo es un estilo político basado en un discurso maniqueo que presenta la lucha del pueblo en contra de la oligarquía como una lucha moral y ética entre el bien y el mal, la redención y la ruina. El líder es socialmente construido como el símbolo de la redención, mientras que sus enemigos son creados como la encarnación de todos los problemas de la nación. El líder dice ser un hombre común del pueblo que, debido a sus esfuerzos sobrehumanos, se ha convertido en una persona extraordinaria. En lugar de desarrollar una ideología, el líder pide a sus seguidores que confíen en su honestidad y en la dedicación que pone para cuidar los intereses de la patria y del pueblo* (Aibar Gaete, 2007, pág. 59).

en agosto del 96', con el abogado Abdalá Jaime Bucaram Ortíz, que representaba el populismo-zote.

El ascenso de este actor y la forma en la cual manejó el poder –que no tenía fundamento filosófico ni ideológico-, justamente se produjo durante un período de desgaste ideológico, de desinterés político y de desintegración social. A esto debe sumarse que la Administración Bucaram Ortiz jamás presentó, ni articuló, *un programa de gobierno,* [...-expresando solamente en términos discursivos-...] *un rechazo a los valores de las élites* [...] *Usando la maquinaria clientelar de su Partido Roldosista Ecuatoriano (PRE), la tarima, los actos de masas, el humor, la música y el baile cuestionó los valores de las clases altas. El tema más frecuente en sus discursos de barricada y en sus propagandas electorales fue la postura del pueblo contra la oligarquía* (Aibar Gaete, 2007, págs. 59-60).

La disfunción en el manejo del Estado, el uso y el abuso del poder –al margen de la Constitución de 1978, reformada-, por parte del Presidente Bucaram Ortiz, provocaron que la oposición política y social creciera en todos los estamentos de la sociedad, hasta que el 5 de febrero de 1997 –a los cinco meses y 25 días de haber asumido la Presidencia- una gran movilización se tomó las calles de la ciudad de Quito –en varios sectores- y exigiera la salida del Jefe del Estado y Gobierno.

En lo político, la oposición encabezada por la Confederación de Nacionalidades Indígenas del Ecuador (CONAIE), la Coordinadora de Movimientos Sociales y el Frente Único de Trabajadores (FUT) se articularon alrededor de denominado 'Frente Patriótico', que se transformó en el ente catalizador de la protesta anti gubernamental.

Por su parte, el ex Presidente, Dr. Luis Osvaldo Hurtado Larrea, de la Democracia Popular —demócrata cristiano- y ex Presidente, Dr. Rodrigo Borja Cevallos, de la Izquierda Democrática —socialdemócrata- y, el ex candidato presidencial y representante de las estructuras conservadoras de la costa, Ab. Jaime José Nebot Saadi, del Partido Social Cristiano, erigidos en patriarcas de la partidocracia y sincronizados con el deseo de sacar al Presidente Bucaram Ortiz del poder, patrocinaron una reforma política —a través de un gobierno constitucional de transición concertado- que debía impulsar el Congreso Nacional, mediante una auto convocatoria extraordinaria, y de esa manera sacar al Jefe del Estado de su cargo. Esta entente no encuentra sostén en el análisis ideológico, y sin embargo, en el mundo de lo práctico se concretó: en definitiva, Dios les crea y ellos se unen.

A nombre de la presión social, que no sólo estaba encauzada contra el Presidente Bucaram Ortíz y su Administración, sino que exigía del órgano legislativo una acción, conminó al Congreso Nacional a declarar *a Bucaram "no apto para gobernar"*[140], *lo despojó del poder y nombró a Fabián Alarcón, del FRA* [Frente Radical Alfarista], *Presidente Interino de la República* (Bernal, y otros, 2000, pág. 45).[141] La declaratoria de ineptitud –conceptualizada como incapacidad mental– para gobernar y los hechos sociales ocurridos en torno a la salida del Presidente fueron fenómenos sintomáticos de una profunda crisis nacional por la inviabilidad del sistema político vigente y el quiebre del modelo de Estado existente.

Así, concretado el ascenso a la Primera Magistratura del Dr. Fabián Ernesto Alarcón Rivera, el 6 de febrero de 1997 (Romero Loaiza & Brito Morán, 1997), se inicia un nuevo proceso, que durará una década, de inestabilidad–civilizada en la historia política del país.

---

[140] El Congreso Nacional procedió a *Declarar, la incapacidad mental para gobernar del Abogado Abdalá Bucaram Ortiz, al tenor del literal d) del artículo 100 de la Constitución Política de la República y en consecuencia el cese de funciones como Presidente Constitucional de la República* (Romero Loaiza & Brito Morán, 1997)

[141] La realidad política y el rechazo a la Administración Bucaram Ortíz –de la cual la doctora Rosalía Arteaga Serrano era su Vicepresidente–, provocó que, incluso el proceso de sucesión presidencial se vea alterado, bajo el argumento de un vacío constitucional. Sin embargo, el sillón de Carondelet, por tres días fue ocupado por la doctora Arteaga Serrano; aunque fue desconocida en tal calidad por los estamentos legislativos y deslegitimada como Jefe del Estado, por el poder castrense.

Los hechos tenían varias aristas, pero la más importante, aunque no haya pululado en primera línea, fue la participación de las FFAA en su calidad de 'Garantes' –rol que les asignaba la Constitución de 1978, reformada–. En ese sentido, el 8 de febrero de 1997, mediante un Comunicado del Consejo de Generales –del cual el Gral. Paco Moncayo era parte y lideraba como Jefe del Comando Conjunto de las FFAA–, manifestó que *una vez que el Congreso Nacional ha ratificado la cesación de funciones del Sr. Abogado Abdala Bucaram Ortiz como Presidente de la República, el Sr. Doctor Fabián Alarcón Rivera ha pedido al Congreso deje insubsistente su nombramiento como Presidente Interino y la Sra. Rosalía Arteaga Serrano ha retirado su nominación como Presidenta y el Congreso ha encargado temporalmente la Presidencia de la República a la Sra. Rosalía Arteaga hasta el nombramiento del Presidente Constitucional Interino, las fuerzas Armadas reafirman su inquebrantable vocación democrática y de respeto absoluto a la Constitución y Leyes de la República y subordinan la institución a la autoridad legítimamente elegida por el Congreso Nacional* (Salazar Manosalvas, 2010, pág. 25).

Así, en cuanto obtiene la validación castrense en el cargo de Presidente Interino el Dr. Alarcón Rivera, expone su programa de acción, mismo que tenía como objetivo central: a) la consolidación del sistema democrático; y, b) su compromiso de impulsar una reforma político-jurídica.

Siendo el tema central la estabilidad y gobernabilidad y en cumplimiento de los acuerdos legislativos (Feb.1997), la Administración Alarcón Rivera convoca a un Referéndum, que tenía por objeto reformar la Constitución, en términos legales, y legitimar su nominación, en lo político; asimismo, en virtud del párrafo segundo de la Resolución Legislativa I-97-65-R, en el lapso de un año se veía compelido a convocar a elecciones generales para designar Presidente y Vicepresidente de la República y Diputados Provinciales, Concejales y Consejeros, para que se posesionen en agosto de 1998.

La Consulta Popular[142] se llevó a cabo el 25 de mayo de 1997. Planteó a los ecuatorianos 14 preguntas, de las cuales sólo la sexta −relacionada a la votación por listas completas versus la votación nominal- no recibió el respaldo esperado (SI, 27.78% / NO, 30.79%), todas las demás se decantaron por el SI (Salazar Manosalvas, 2010). Con este resultado los dos temas centrales que estaban en el tapete político se habían cumplido: a) la convocatoria a una Asamblea Constituyente[143], con el mandato de reformar la

---

[142] Convocada mediante Decreto Ejecutivo No. 201 de 6 de abril de 1997, con base al Art. 58, literal b) de la Constitución Política que atribuye al Presidente de la República la facultad de convocar a consulta popular cuando a su juicio se trate de cuestiones de trascendental importancia para el Estado.

[143] Pregunta N°03 (SI, 46.67% / NO, 25.60%), por la cual se autorizaba la conformación de una Asamblea Nacional con el propósito exclusivo de reformar la Constitución Política del Ecuador (La Hora, 1997).

Constitución; y, b) la legitimación[144], en el cargo del Dr. Alarcón Rivera.

El Gobierno de Alarcón Rivera se vio sacudido durante su interinato con un hecho de corrupción que golpeó la estructura social del país: el caso de los gastos reservados de su Ministro de Gobierno César Verduga (Alcántara Sáenz & Freidenberg, 2001).

Las condiciones económicas reflejaban una aguda crisis, provocada tanto por factores endógenos como exógenos: en lo interno, el país registraba un déficit proyectado de 1.400 millones de dólares (7% del PIB); una caja fiscal sin recursos, retrasos en el pago de sueldos, deuda con los gobiernos seccionales, y demora en el pago de los servicios de la deuda externa de cerca de 300 millones de dólares; con una inflación acumulada del 10%; la reserva monetaria con tendencia a la baja; con tasas de interés elevadas (hasta el 20% en dólares); y, en lo externo, con un precio de barril del petróleo que se ubicó en 6 dólares (Erráez, 2014).

---

[144] Pregunta N°01 (SI, 60.95% / NO, 19.49%) y Pregunta N°02 (SI, 54.92% / NO, 25.40%), por medio de las cuales se buscaba ratificar el mandato popular de las jornadas de febrero y la decisión del Congreso Nacional de cesar al Presidente Bucaram Ortiz, y respaldar la resolución del legislativo de nominar Presidente interino al Dr. Fabián Alarcón Rivera hasta el 10 de agosto de 1998 (La Hora, 1997).

En lo político/normativo, la Asamblea Nacional se instaló el 20 de diciembre de 1997, proclamándose constituyente. Este organismo estuvo presidido por el ex Presidente demócrata cristiano, Osvaldo Hurtado Larrea, tras un acuerdo político alcanzado con el partido Social Cristiano (PSC) que trabajó en el proceso de reforma y que las mismas, *en general* [... fueron...] *aprobadas por consenso y muchas por unanimidad, fueron el resultado del diálogo que la Asamblea mantuvo con todos los sectores de la vida nacional y los aportes de partidos y agrupaciones de independientes que la integraron, representando el amplio espectro ideológico y político del país* (Espinosa, 2003, pág. 232)

El trabajo de la Asamblea Nacional Constituyente se inició formalmente el 8 de enero de 1998, y casi inmediatamente mudó de sedes. En el trayecto adoptó la decisión de ampliar sus plazos y competencias de gestión. En lo referente al tiempo, debían culminar el 30 de abril de 1998, y se prorrogó hasta el 8 de mayo de ese año, y en lo referente a las competencias, entró en pugna con las ejercidas por el Congreso Nacional, que sesionaba paralelamente a la Asamblea Nacional Constituyente.[145]

---

[145] La Asamblea Nacional aprobó una disposición transitoria −candado constitucional- por la cual condicionaba la reforma a la Carta Política, indicando que el segundo debate debía efectuarse un año después del primero. Esto enervó al legislativo, que había declarado que también tenían la facultad de cambiar la Constitución (Vela, 2005).

Esta decisión de la Asamblea provocó que el Presidente Interino Alarcón Rivera disponga su desalojo del recinto militar de Sangolquí donde funciona la Academia de Guerra, y que a la vez el Congreso Nacional negara compartir espacios en sus predios. Con este escenario, la Asamblea Nacional Constituyente sesionó en la Universidad Andina Simón Bolívar (UASB), y finalmente, se trasladó a Riobamba, desde donde el 5 de junio de 1998, hizo entrega, en ceremonia realizada en la Catedral de esa ciudad, de la nueva Constitución de 1998 (Vela, 2005).

En el frente externo, las negociaciones con el Perú seguían su marcha. El 19 de *enero de 1998, las delegaciones de Perú y Ecuador acordaron en Río de Janeiro la firma del cronograma de conversaciones para demarcar un tramo de la frontera común. Así se abrió la posibilidad de llegar a un acuerdo definitivo ese año* (Donoso Moreno, 2009, pág. 30).

El tiempo en la Presidencia se le volvió corto. Alarcón Rivera buscó políticamente extenderse en el cargo; intención que fue cortada desde un inicio, tanto al momento de estructurar las preguntas en la consulta popular, como desde la Asamblea Nacional. En acatamiento a la resolución legislativa que le puso como inquilino de Carondelet, el proceso electoral inició su marcha, y las elecciones presidenciales se llevaron a cabo, la primera vuelta, el domingo 31 de mayo de 1998 y, la segunda, el domingo 12 de julio de ese mismo año.

Seis operadores políticos participaron en la contienda en la primera vuelta. El espectro político estaba claramente definido: los conservadores y conservador-moderado dominaban el escenario, y habían logrado poner, para competir, a Jorge Jamil Mahuad Witt –de la Democracia Popular- y a Gustavo José Joaquín Noboa Bejarano –de Unión Demócrata Cristiana- ambos democristianos; a Álvaro Fernando Noboa Pontón y Alfredo Castillo, de la coalición Partido Roldosista Ecuatoriano, Acción Popular Revolucionaria Ecuatoriana, Unión Popular Latinoamericana y apoyados por Concertación de Fuerzas Populares –de la derecha-populista-; a Rodrigo Borja Cevallos y Carlos Baquerizo, de la Izquierda Democrática –de corte social demócrata, que demostró desde su fundación, una clara facilidad para atender los intereses de la derecha-; a Freddy Elhers y Jorge Gallardo, del Movimiento Ciudadanos Nuevo País y, a Rosalía Arteaga y Guido Carranza, del Partido Alianza Nacional –ambos binomios de centro derecha- (Gaviria, Thomas, & Spehar, 1998). La única agrupación disonante fue la conformada por María Eugenia Lima y Ricardo Ramírez, del Movimiento Popular Democrático –de la izquierda populista-.

Como se puede advertir, la derecha logró infiltrarse en las filas democratacristianas y socialdemócratas y hacerse del poder. En la segunda vuelta electoral (Jul.1998) Jamil Mahuad y Gustavo Noboa asumían la Presidencia con

51.15% de la votación, venciendo a sus contrincantes Álvaro Noboa y Alfredo Catillo, que obtuvieron el 48.84%. (Gaviria, Thomas, & Spehar, 1998).

El Gobierno de Jamil Mahuad inició su gestión el 10 de agosto de 1998, y ejerció su mandato al amparo de la Constitución de Riobamba (1998), publicada en el Registro Oficial 001, de 11 de agosto de 1998, mediante Decreto Legislativo.

El Gobierno democristiano tuvo que enfrentar un legislativo mayoritariamente socialcristiano y un país que enfrentaba una seria crisis económica, al punto que *en uno de sus discursos, Jamil Mahuad, se refirió al Ecuador, como un país a la deriva, como el Titanic a punto de hundirse* (Burbano Játiva, 2003, pág. 91).

Los organismos financieros internacionales recomendaban políticas económicas definidas en la lógica del Consenso de Washington, por lo que el Ecuador implementó acciones tendientes a eliminar la participación del Estado en la producción y reduciendo el control del gobierno sobre el mercado y, paralelamente, vigorizó las actividades económicas privadas y favoreció la entrada de productos y capitales extranjeros.

Estas medidas indujeron ebulliciones en el convulso pulso político y social ecuatoriano, que erupcionó por las medidas adoptadas, como las *leyes reformatorias tardías, las excepciones legales para favorecer a intereses creados, el temor a la protesta social, la* [...tradicional política de...] *desigualdad* [...del...] *coste del desarrollo sobre la gran masa de la población y el avance de la corrupción, unidos al costo de la guerra del 95, al bajo precio del petróleo en el 97 y 98, a la inestabilidad política del 97 y a la crisis financiera internacional aceleraron y ahondaron la crisis* (Espinosa, 2003, pág. 236).

Dos hechos serán los hitos que la historia registrará de su Administración: en lo externo, *el 26 de octubre de 1998, después de que el entonces presidente de Brasil, Fernando Henrique Cardoso, entregase la resolución de los países garantes a los dos Estados en conflicto, se firmó la paz en el Palacio de Itamaraty. De esta forma se deja atrás una disputa histórica que se arrastraba desde la independencia y que se había constituido en una amenaza a la seguridad nacional* [...] *La paz trajo consigo un ambiente de confianza propicio para la movilización de bienes y personas. El flujo migratorio dinamizó la economía de los habitantes de la región* (Donoso Moreno, 2009, pág. 30).

Huelga señalar que esta acción en el frente externo, no tuvo las implicaciones políticas ni pudo ser capitalizado para hacer frente al descontento interno. El Gobierno de Mahuad Witt se perdía en la ingobernabilidad y las reacciones sociales y populares nacionales y plutocráticas de la costa, crecían diariamente. La medida había provocado la quiebra de los bancos costeños que puso a las élites guayaquileñas en contra del Gobierno.

En lo interno, *en 1999 el Ecuador sufrió una de los peores crisis económicas de su historia, la cual produjo que el PIB por habitante cayera 7.6% en dicho año* [...que fue enfrentada con...] *profundos errores de política económica y malas prácticas financieras* [...que fueron consecuencia de...] *la falta de controles sobre el sistema financiero, la creación de una inédita garantía de depósitos a finales de 1998, la aplicación del impuesto a la circulación de capitales en enero de 1999* [...y...] *la reforma del sistema de tipo de cambio* (Correa, 2010, pág. 68).

Esta realidad orilló al Presidente de la República a adoptar *políticas de salvataje que trataron de impedir la quiebra de los bancos,* [...que constituyeron...] *el principal elemento explicativo de la profundización de la crisis en el Ecuador* (Salgado T., 2001, pág. 84), y en enero del 2000 a dolarizar la economía con lo cual la moneda nacional "El Sucre" —que había sido adoptada el 22 de marzo de 1884- se veía sustituida por el circulante norteamericano; el Ecuador, entraba a la 'era de la dolarización'. El impacto de la medida afectó sensiblemente a la población, en especial, a las clases media y media alta, que tuvieron que enfrentar el 'Feriado Bancario', como medida previa a la dolarización.

El desencadenante político se concretó el 21 de enero de 2000, cuando encabezados por el Cnel. Lucio Edwin Gutiérrez Borbúa —quien había sido en 1996 Edecán Militar del Presidente Bucaram Ortiz y posteriormente Edecán Militar del Presidente Interino Alarcón Rivera— en contubernio con el líder indígena Antonio Vargas de la Confederación de Nacionalidades Indígenas del Ecuador (CONAIE) y el ex Presidente de la Corte Suprema de Justicia, Dr. Carlos Solórzano Constantine, crean un triunvirato y sacan del poder al Presidente Mahuad Witt. A pocas horas de esta toma de facto del poder, el Gral. Carlos Mendoza Poveda, Jefe del Comando Conjunto de las FFAA, releva al Cnel. Gutiérrez Borbúa dentro del triunvirato, con el compromiso de *adoptar las mejores condiciones para hacer la entrega del poder constitucional con sucesión al señor Vicepresidente de la República, evitando el derramamiento de sangre, manteniendo la unidad institucional, evitando el fraccionamiento regional del país* (La Hora, 2000).

Esta decisión, que nace de los cuarteles, de devolver el poder a manos civiles, contó con gran aceptación de la población, especialmente de los estratos medios y clases dirigentes, aunque paradójicamente, los indígenas y los militares de rangos medios e inferiores, vieron en la decisión de la cúpula militar un acomodamiento respecto de los poderes civiles y una especie de des-legitimización de las causas que motivaron las movilizaciones.

El Vicepresidente Gustavo José Joaquín Noboa Bejarano, asumía la Primera Magistratura el 21 de enero del 2000 y la entregó el 15 de enero del 2003. Le acompañó como Vicepresidente, el señor Pedro Alfredo Pinto Rubianes, político que había sido Ministro de Finanzas en la Administración Hurtado Larrea, y diputado provincial por Pichincha durante la legislatura 1998-2000; elección que el Congreso Nacional realizó con base a la Constitución de 1998 'La de Riobamba'.

El gobierno de Noboa, que surgió luego de que Mahuad le conformó el escenario indispensable para facilitarle su gestión, conduciendo a la economía ecuatoriana a la recesión, hecho que hizo posible el inicio de un proceso de transferencia y reestructuración del capital, de abaratamiento de la mano de obra y de aumento en las tasas de ganancia, especialmente de la fracción financiera y bancaria, empezó su tarea con un proyecto que, si bien ambiguo, pretendía sortear la crisis recesiva y unificar al conjunto de la burguesía en torno al propósito de doblegar a la inflación y dar confianza a los empresarios nativos y transnacionales a fin de que se animen a invertir y, gracias a ello, que la economía ecuatoriana entra en una fase de reactivación [...] Noboa, desde el principio de su gestión, fue conseguir una estabilidad a mediano plazo, tratando de complacer a todas las fracciones dominantes del Ecuador pero bajo la hegemonía de la burguesía especialmente exportadora del litoral. Para ello, basaba su confianza en la dolarización (Moncada Sánchez, 2001, pág. 41).

Concluye el Mandato con la convocatoria a elecciones. La primera vuelta, se realiza el domingo 20 de octubre del 2002, en la cual participaron 11 operadores políticos, de entre los cuales quedaron, para la segunda vuelta que se realizó el 24 de noviembre del 2002, el Cnel. Lucio Edwin Gutiérrez Borbúa con su compañero de fórmula Luis Alfredo Palacios González, de la entente formada por el Partido Sociedad Patriótica 21 de Enero (PSP), el Movimiento de Unidad Plurinacional Pachakutik-Nuevo País y apoyados por el Movimiento Popular Democrático (MPD) –operadores políticos ubicables en el espectro del populismo intermitente de derecha y de izquierda-, quienes ganan con 2'803.243 votos (54.79%); y, el empresario Álvaro Fernando Noboa Pontón y Marcelo Cruz Cruz, del Partido Renovador Institucional de Acción Nacional (PRIAN) –que se ubica en el populismo de derecha-, que obtienen 2'312.854 votos (45.21%) (Córdova, 2003; y, Montufar, 2007).

La Administración Gutiérrez Borbúa va a distinguirse en dos ámbitos específicos: a) el manejo del sector político; y, b) el manejo del frente económico. Para abordar estas dos aristas, hay que señalar que *la experiencia del gutierrismo es un caso que podríamos denominar de "populismo intermitente". Lucio Gutiérrez utilizó estrategias del repertorio populista, según su conveniencia, en diferentes momentos de su vertiginoso ascenso y caída.* [...Gutiérrez Borbúa podía...] *pasar de ser un caudillo*

con lenguaje populista que amenaza con re-fundar el orden político
a actuar como defensor de lo establecido para luego, nuevamente,
adaptarse a una estrategia basada en la lucha contra la oligarquía y
la "partidocracia" (Montufar, 2007, pág. 296).

Dicho esto, en el frente económico[146], *las autoridades*
económicas han manifestado que el programa económico del
actual gobierno [...2002-2006...] no tiene "color" y responde
*exclusivamente a factores técnicos [...*sin embargo hay que
señalar que la...] *política económica es un campo netamente*
normativo de la economía, es decir, que responde a intereses y
juicios de valor [...] La política económica del actual régimen
no tiene absolutamente nada nuevo y, por el contrario, es la más
ortodoxa expresión de la corriente de pensamiento dominante en las
últimas dos décadas en Latinoamérica. Así, la política económica
simplemente trata de profundizar una estrategia de desarrollo [...]
que fue sintetizada desde mediados de los ochenta en el llamado
"Consenso de Washington" (Correa, 2003, pág. 6).

Por otro lado, el frente político, que se puede sintetizar en
el manejo de la política internacional, sector agropecuario
y ganadero, educación, entre otros, fueron cooptados
por Pachakutik-Nuevo País y el Movimiento Popular

---

[146] Frente articulado por dos actores representantes del conservadorismo
ortodoxo ecuatoriano: Mauricio Pozo Crespo y Mauricio Yépez Najas.
Garantizándose un manejo técnico, sobre todo del segundo Ministro,
que era funcionario del Banco Central, que tuvieron como objetivo
final apuntalar y consolidar la dolarización en el país.

Democrático (MPD), que le imprimieron una dosis de populismo de izquierda; reivindicando un agenda etnopolítica los primeros, y consolidando los espacios de poder en el magisterio los segundos.

A pesar de que la economía mostraba signos de estabilidad, y los precios de ciertos commodities no sufrieron variación –la gasolina seguía con el mismo precio desde que se adoptó la dolarización-, la clase media y media alta de las principales urbes, en especial la de Quito, manifestaba un permanente descontento y rechazo a las actuaciones del Presidente Gutiérrez Borbúa, tanto en el manejo de la legalidad –caso Pichi Corte y retorno de Bucaram- como de la moralidad –nepotismo y manejo de los fondos públicos-.

El Congreso Nacional, que estaba sesionando en el auditorio de Banco Central del Ecuador –desde que el edificio legislativo sufrió un incendio el 5 de marzo del 2003-, suspendió su reunión para trasladarse a las instalaciones del Centro Internacional de Estudios Superiores en Periodismo para América Latina (CIESPAL), desde donde se adoptó la decisión de reemplazar al Presidente del Congreso –Omar Quintana del PRE, que era afín a la Administración Gutiérrez Borbúa- y encargar la Presidencia a la Vicepresidente del Congreso, abogada Cynthia Viteri del PSC, quien abrió el debate legislativo en torno a la destitución del Presidente de la República, Lucio Gutiérrez

B., alegándose 'abandonado del cargo'[147], por un lado, y, por otro, violar la Constitución vigente (1998), al haber perpetrado una interferencia efectiva y evidente dentro de las funciones del Estado, violando la independencia de funciones (Arias, y otros, 2005).

El Vicepresidente de la República, Luis Alfredo Palacio González, es convocado a las instalaciones de CIESPAL y, en una sesión iracunda el Congreso Nacional lo nombra Presidente de la República (20 abril 2005), para cumplir con el lapso del mandato que fenecería el 15 de enero del 2007.

El ungido Presidente Palacio González, en su alocución de posesión del Mando informaba a la nación que *hoy refundamos este país, (...) un país que abra las blancas escuelas, los limpios hospitales (...) En la misma posesión ofreció combatir*

---

[147] La resolución R-26-029, de 20 de abril de 2005 del Congreso Nacional, mediante la cual fue removido del cargo el Presidente Gutiérrez Borbúa, fue puesta a consideración del Procurador *José María Borja*, [...quien...] *se pronunció en torno a una solicitud presentada por* [...] *Cinthya Viteri, sobre la legalidad de lo actuado el pasado miércoles cuando se designó a Alfredo Palacio como presidente de la República. De este modo, el Procurador se pronunció en 24 horas, y manifestó, mediante comunicado, que no estando en la Constitución de la República en qué consiste el abandono del cargo, le corresponde al Congreso Nacional verificar cuando se realiza dicha conducta. En consecuencia, de acuerdo al comunicado, lo actuado por el Parlamento a través de la resolución R-26 029 del 20 de abril de 2005, se apega a la Constitución. En tanto que esta tarde se posesionarían los nuevos ministros del gabinete de Palacio* (EcuadorInmediato, 2005).

la impunidad: "El pueblo del Ecuador terminó la dictadura, la inmoralidad, la prepotencia, el terror, el miedo (...) ha decidido fundar una República de esperanza, en cuyas calles y caminos florezca y reine la dignidad, la equidad y la alegría (...) Además de refundar la República, les ofrezco que no habrá perdón ni olvido para las personas que han quebrantado la Constitución, para los opresores que han reprimido al pueblo, para todos aquellos que no han respetado la cosa pública (Ortíz de Zárate, 2016).

En lo político, las medidas adoptadas por la Administración Palacio González se ciñeron al acuerdo asumido con el legislativo que lo posesionó, dejando de lado el pedido de disolver el Congreso –como exigían los manifestantes radicalizados, autodenominados 'forajidos'- e impulsó más bien un ejercicio por el cual la función legislativa se sometía a una autodepuración, en virtud de su interés político de convocar a una Constituyente y someter en Consulta Popular una serie de temas que no definió (Espín Mosquera, 2005).

Enmendó la Ley de Elecciones, descartando las elecciones presidenciales anticipadas –que también estaba pululando entre los forajidos y grupos políticos específicos- y presentó un Gobierno formado por personalidades apartidistas y tecnócratas, cuyos primeros objetivos eran congelar las adjudicaciones de contratos de explotación petrolera, revisar las negociaciones de los tratados de liberalización comercial, y otorgar prioridad al pago de la deuda social, mediante una redistribución presupuestaria en beneficio de las áreas de salud, educación y protección social, relanzando y potenciando la producción no petrolera (Espín Mosquera, 2005).

Con este telón de fondo, el Gobierno de Palacio González, encargó el manejo de la economía a un joven profesor de la Universidad San Francisco de Quito, Rafael Correa Delgado, con la instrucción presidencial de garantizar la dolarización y el cumplimiento de los compromisos internacionales −que implicaba el pago del servicio de la deuda externa, que bordeaba los 13 mil millones de dólares (Millet & Toussaint, 2005)-. Y en lo político, el Presidente enfrentaba junto a los Ministros de Defensa −en su orden, Solón Espinoza, Oswaldo Jarrín y Marcelo Delgado-, de Relaciones Exteriores −Antonio Parra Gil y Francisco Carrión Mena, respectivamente- y de Gobierno −Mauricio Gándara, Oswaldo Molestina, Galo Chiriboga, Alfredo Castillo, Felipe Vega de la Cuadra y Antonio Andretta, cada uno en su momento- dos problemas interrelacionados: a) la situación del destituido Presidente Gutiérrez Borbúa, a quien finalmente, asilado en la Embajada del Brasil, se le extendió el respectivo salvoconducto; y, b) el del pleno reconocimiento internacional de su Gobierno, por los Estados Unidos, la Unión Europea, la Comunidad

Sudamericana de Naciones (CSN) y la Organización de Estados Americanos (OEA), que habían manifestado 'dudas razonables' sobre el procedimiento –legalidad y legitimidad– de sucesión a la Primera Magistratura (Ortíz de Zárate, 2016).

Los EUA, en Manta[148], realizaban según fuentes oficiales norteamericanas, detección, monitoreo, rastreo y control aéreo de la actividad ilegal del tráfico de narcóticos a través de acciones de abastecimiento que, era claro, estaban vinculadas al Plan Colombia. En tal virtud, la posición del Gobierno de Palacio González puede ser considerada ambigua[149], ya que a pesar de haber manifestado siempre

---

[148] En el frente externo, propiamente, estaba en vigencia y plena efectividad el Acuerdo de Cooperación entre el Gobierno de la República del Ecuador y el Gobierno de los Estados Unidos de América –publicado en el R.O.N°326, de 25 Nov. de 1999, Decreto 1505–, mediante el cual el Ecuador daba acceso y uso de las instalaciones en la Base de la Fuerza Aérea Ecuatoriana en Manta para actividades aéreas antinarcóticos, creándose así un espacio geoestratégico en la zona noreste y noroeste de América del Sur, al contar los EUA con bases militares en esta zona (Rebelión, 2012).

[149] Esta afirmación se colige del siguiente texto obtenido del 'The Transnational Insitute': *Colombia insiste en agrupar todos los problemas de la zona bajo el título de "narcoterrorismo" con el cual existe una serie de medidas específicas, una de las cuales es la fumigación aérea de los cultivos ilícitos. Mientras que lo que le preocupa a Ecuador son las consecuencias negativas derivadas de su proximidad al conflicto armado, el tráfico ilícito de drogas y la existencia y fumigación aérea de los cultivos.* (Camacho Guizado, 2007, pág. 122).

su rechazo a inmiscuirse en el Plan Colombia, facilitó las operaciones de los EUA desde Manta.

Su gestión concluyó el 15 de enero del 2007, sin antes dejar de convocar a elecciones el último trimestre del 2006 –primera vuelta, el domingo 15 de octubre; y, segunda vuelta, el domingo 26 de noviembre–; proceso electoral que contó con la participación de ocho binomios que representaban todo el espectro político e ideológico con el cual ha vivido y supervivido el país.

A ese escenario variopinto, la derecha ortodoxa postuló a Cynthia Fernanda Viteri Jiménez, del Partido Social Cristiano (PSC), mientras que el populismo de derecha, contaba con Álvaro Fernando Noboa Pontón, del Partido Renovador Institucional de Acción Nacional (PRIAN) y Gilmar Fausto Gutiérrez Borbúa, del Partido Sociedad Patriótica 21 de Enero (PSP).

En el centro, vemos a la centro izquierda representada por los democristianos renovados, a León Roldós Aguilera, de la alianza Red Ética y Democracia (RED) y la Izquierda Democrática (ID); y a Marco Proaño Maya, del Movimiento Reivindicación Democrática (MRD). Un híbrido que aglutinaba tanto la centro-derecha como la centro-izquierda, era Rafael Correa Delgado, de la entente Movimiento Alianza País (AP), Patria Altiva i Soberana

(PAIS) y Partido Socialista-Frente Amplio (PSFA); y, para culminar, en una centro-izquierda populista, Lenin Torres del Movimiento Revolucionario de Participación Popular (MRPP).

Desde el liberalismo, vemos la presencia de la izquierda en Marcelo Larrea de Alianza Tercera República (ATR); una etno-izquierda, con Luis Macas, del Movimiento de Unidad Plurinacional Pachakutik-Nuevo País; y, una izquierda populista, de Carlos Sagnay de la Bastida, de Integración Nacional Alfarista (INA); y Luis Villacís, del Movimiento Popular Democrático (MPD).

Finalmente, los representantes del populismo zote, cuya característica es la ausencia real de una ideología política, estuvieron encabezadas por Jaime Damerval, de Concentración de Fuerzas Populares (CFP); y Fernando Rosero, del Partido Roldosista Ecuatoriano (PRE).

En la segunda vuelta (Nov.2006), se enfrentaron el populismo de derecha, de Álvaro Fernando Noboa Pontón, que obtuvo 2'689.418 votos (43.33%) y el candidato anti-sistémico, representante de este sincretismo entre la centro derecha y centro izquierda, Rafael Vicente Correa Delgado, con 3'517.635 votos (56.67%) (TSE, 2006).

Ganó la propuesta de 'Revolución Ciudadana', y con esto se cerraba el ciclo de inestabilidad e ingobernabilidad. Iniciábamos un capítulo nuevo de 10 años de gobernanza, inédito en el recuento histórico democrático republicano.

★ ★ ★

Capítulo XIII
REVOLUCIÓN CIUDADANA: ENTRE UNA PROPUESTA DE CAMBIO Y EL STAND-BY

Las elecciones de octubre y noviembre del 2006 deben ser consideradas como un punto de inflexión, no sólo en cuanto la participación de operadores políticos y la realidad que debieron enfrentar –deslegitimación de las estructuras partidistas tras 10 años de crisis- sino el aparecimiento de una organización que, articulada bajo el paraguas de Movimiento, proclama para sí la condición de anti-sistémico, y bajo esta premisa aglutinaba una gama de actores –sobre todo provenientes de la academia- que respondían a distintas bases filosófico-políticas e ideológicas.

Esta 'Arca' se llama 'Alianza País'; desde la cual, de manera ordenada, sistémica y programática, ofreció a los ecuatorianos una permuta profunda de la estructural vigente por un cambio que debía articularse desde la sociedad. En definitiva, prometió una Revolución Ciudadana.

Esta propuesta de Revolución se asentó, para efectos de visualizarla, en una sola cabeza -elevada a categoría de líder-, la del economista Rafael Vicente Correa Delgado, quien encaja, en términos kantianos, en la categoría democristiana[150] en algunos aspectos, y como se advertirá más adelante, en función de sus acciones, se lo puede ubicar, sin dificultad, en el socialcristianismo.[151]

Las elecciones generales del 2006 pusieron en Carondelet a Rafael Correa D., y le acompañaron como Vicepresidentes, en su orden, en su primera gestión (2007-2013), Lenin Voltaire Moreno Garcés; y, en la segunda (2013-2017), Jorge David Glas Espinel.

Podemos advertir que en la agenda política definida por Alianza País, delineada en el marco de la ceremonia de toma de posesión, el 15 de enero del 2007, por el Presidente Correa Delgado se nos proponía que *la lucha por una 'Revolución Ciudadana', consistía en el cambio radical, profundo y rápido del sistema político, económico y social vigente* (Correa, 2007); lucha que se articulará en cinco ejes programáticos: i) revolución constitucional y democrática; ii) revolución

---

[150] Esta ubicación se fundamenta en la intencionalidad de construir una economía mixta, en la cual conviven la acción planificadora del Estado y el libre desenvolvimiento del mercado.

[151] Esta categoría se infiere de los postulados que el Primer Mandatario ha formulado a lo largo de su presidencia, respecto a temas tales como la familia –nombra a Mónica Hernández, adscrita al pensamiento del Opus Dei, para manejar el Plan Familia–; la igualdad de derechos en función del género –participación relativa y restringida de grupos LGTBI–; y en lo económico, se ha decantado por tesis neo-liberales –venta de las empresas estatales al sector privado–; entre otros.

ética; iii) revolución económica y productiva; iv) revolución educativa y de salud; y, v) revolución por la dignidad, la soberanía y la integración latinoamericana (Recalde, 2007); ejes que serán implementados desde varias aristas ideológicas.

Así la primera acción –que buscaba articular el eje constitucional y democrático–, una vez ganada la contienda electoral y erigido en Primer Mandatario, fue buscar la vía para entregar al país una Carta Magna que permitiera articular la "revolución ciudadana" bajo un modelo de democracia participativa (Narváez Ricaurte, 2009), para ello se llevó a cabo el 15 de abril de 2007 una Consulta Popular que buscaba específicamente aprobar que se convoque e instale una Asamblea Constituyente con plenos poderes para que transforme el marco institucional del Estado y elabore una nueva Constitución.[152]

El resultado fue positivo (SI, 81.72%), y con ello se dio paso para que, en los términos más amplios y diversos, se elijan a los representantes que conformarían la Asamblea Nacional Constituyente; elecciones que se llevaron a cabo el 30 de septiembre del 2007, con el mandato de elaborar un nuevo

---

[152] Estatuto de Elección, Instalación y Funcionamiento de la Asamblea Constituyente, publicado en el Registro Oficial N°2S-33, de 5 de marzo de 2007, mediane Decreto Ejecutivo 148.

texto constitucional –que reemplazaría la Constitución de 1998–.

Esta Asamblea Nacional Constituyente, que laboró en la Ciudad Alfaro, en el cantón Montecristi, de la provincia de Manabí, tiene su peculiaridad en cuanto a su conformación, ya que bajo lo lógica de la más amplia participación, los 130 curules fueron ocupados por 24 Asambleístas de carácter Nacional, 100 Asambleístas de nivel provincial y, por primera vez, 6 Asambleístas elegidos por los ciudadanos residentes en el exterior.

La labor constituyente se inició el 30 de noviembre de 2007 y terminó oficialmente el 25 de octubre del 2008, y contó con dos Presidentes: Alberto Acosta Espinosa (Nov.2007 a Jun.2008) y Fernando Cordero Cueva (Jun.2008 a Oct.2008).[153] La Constituyente se organizó en mesas temáticas de acuerdo con el Reglamento de Funcionamiento de la Asamblea.[154]

---

[153] Durante el desarrollo de la Asamblea Nacional Constituyente se *generó un conflicto con los asambleístas más progresistas, el cual acabó por ser polarizado entre las dos más importantes personalidades del nuevo proceso: Rafael Correa y Alberto Acosta, presidente de la Asamblea, fundador de Alianza País y miembro de su buró político. Este conflicto se agravó con la renuncia de Acosta al cargo de presidente de la Asamblea poco tiempo antes de que el proceso constituyente concluyera* (de Sousa Santos, 2010, pág. 84)

[154] En base al Reglamento de Funcionamiento, publicada en el Registro Oficial Suplemento N°236, de 20 de diciembre del 2007, la Constituyente se organizó en mesas temáticas: Mesa 1, Derechos

El nuevo texto constitucional fue puesto a consideración del pueblo mediante Referéndum que se llevó a cabo el 28 de septiembre del 2008. El resultado (SI, 63.93%) le dio al oficialismo su tercera victoria desde las elecciones del 2006, evidenciado en el apoyo ciudadano que superaba largamente el 50% y, por tanto, le otorgaba a la Administración Correa Delgado un respaldo político sin precedente desde el retorno a la democracia en 1979. El Ecuador veía entrar en vigencia una nueva Constitución (2008) misma que estructuralmente reformulaba el contrato social con innovadores preceptos, nuevos esquemas y mecánicas articuladoras de nueva generación (Whitehead, 2012).

Articulado el eje de la revolución Constitucional y Democrática, en los primeros años del primer período presidencial (2007-2013), los ecuatorianos enfrentamos una propuesta del Ejecutivo que estaba en sincronía con la nueva estructura normativa de la Constitución del 2008 en lo referente a las cláusulas relacionadas con la re-elección y, en ese sentido, el Presidente Correa Delgado

---

ciudadanos; Mesa 2, Organización y participación ciudadana; Mesa 3, Estructura institucional del Estado; Mesa 4, Ordenamiento territorial y asignación de competencias; Mesa 5, Recursos naturales y biodiversidad; Mesa 6, Trabajo y producción; Mesa 7, Modelo de desarrollo; Mesa 8, Justicia y lucha contra la corrupción; Mesa 9, Soberanía e integración latinoamericana; y, Mesa 10, Legislación y fiscalización (Narváez Ricaurte, L. & Narváez Rivadeneira, L. 2009).

aplicando el régimen de transición previsto en la nueva Constitución, convoca a elecciones generales para todas las dignidades –tema que fue aprobado en el referéndum constitucional del 28 de septiembre del 2008–.

La primera vuelta electoral se llevó a cabo el domingo 26 de abril del 2009; contienda a la cual se presentaron Rafael Correa Delgado y Lenin Moreno por Alianza País, apoyados por el Partido Socialista Frente Amplio, Movimiento Popular Democrático, Movimiento de Unidad Plurinacional Pachakutik-Nuevo País y Partido Roldosista Ecuatoriano, obteniendo 3'584.236 votos (51.99%); Lucio Gutiérrez y Felipe Mantilla, del Partido Sociedad Patriótica 21 de Enero, con 1'948.167 votos (28.24%); Álvaro Noboa y Anabella Azin, del Partido Renovador Institucional de Acción Nacional, con 789.021 votos (11.41%); Martha Roldós y Eduardo Delgado, de Red Ética y Democracia, en alianza con el Movimiento Polo Democrático, con 299.573 votos (4.33%); Carlos Sagñay y Segundo Bueno, del Movimiento Triunfo Mil, con 108.275 votos (1.57%); Melba Jácome y Ricardo Guambo, del Movimiento Tierra Fértil, con 93.280 votos (1.35%); Diego Delgado Jara y Méntor Sánchez, del Movimiento Integración y Transformación Social, con 43.211 votos (0.63%); y, Carlos Gonzáles y Julio Prócel, del Movimiento Justo y Solidario, con 33.714 votos (0.49%) (CNE, 2009).

En lo legislativo, la agrupación oficialista (Alianza País) obtuvo 59 escaños, seguido de Sociedad Patriótica (SP) con 19 escaños; Movimiento Cívico Madera de Guerrero –que fue creado por miembros del Partido Socialcristiano para efectos electorales- con 7 escaños; Partido Renovador Institucional Acción Nacional (PRIAN) con 7 escaños; Movimiento Municipalista por la Integridad Nacional (MMIN) con 5 escaños; Movimiento Popular Democrático (MPD) con 5 escaños; Movimiento de Unidad Plurinacional Pachakutik-Nuevo País (MUPP-NP) con 4 escaños; Partido Social Cristiano (PSC) con 4 escaños; Partido Roldosista Ecuatoriano (PRE) con 3 escaños; Izquierda Democrática (ID) con 2 escaños; Partido Socialista Frente Amplio (PSFA) con 1 escaño; Movimiento Concertación Nacional Democrática (MCND) con 1 escaño; y otros –independientes- con 7 escaños (Legislatina, 2009), lo que implicó no sólo que el partido de Gobierno se hacía con el Ejecutivo, sino que dominaba mayoritariamente la Asamblea Legislativa.

Este proceso electoral se vuelve un hito en términos históricos, ya que en lo referente a las elecciones presidenciales nunca ningún candidato había alcanzado más del 50% más uno desde el retorno a la democracia en 1979, con lo que el binomio Correa – Moreno se hacía del poder en la primera y única vuelta electoral; por otro lado, el número de escaños alcanzados por AP en la legislatura aseguraba un Legislativo cohesionado y comprometido con los cinco ejes programáticos de la Revolución propuestos y, además, alineado al Ejecutivo para efecto de viabilizar el Plan Nacional del Buen Vivir.

La posesión del Mando se llevó a cabo el 10 de agosto del 2009 –última vez que se llevaría este acto protocolar en esa fecha, ya que los cambios introducidos en la Constitución y demás normas, señalaron que la posesión deberá hacerse el 24 de mayo– con lo cual se daba inicio al primer gobierno del Presidente Correa Delgado bajo la nueva Constitución del 2008; administración que debía concluir para el año 2013, y como se ha señalado supra, le acompañó el licenciado Lenin Moreno.

En el 2011 el Presidente llama a Referéndum Constitucional y Consulta Popular; mismos que se llevaron a cabo el 7 de mayo de ese año, en las que se presentaron a los ecuatorianos 10 preguntas que buscaban aprobación de reformas sobre asuntos relativos al sistema judicial, la seguridad, el medio ambiente, la banca y los medios de comunicación. Este referéndum y consulta popular recibió el apoyo de la ciudadanía ganando el SI[155] en todas las diez preguntas, y

---

[155] Referéndum (2011): Pregunta 1 (SI, 50.46% - NO, 38.78%); Pregunta 2 (SI, 48.27% - NO, 40.84%); Pregunta 3 (SI, 47.19% - NO, 41.89%); Pregunta 4 (SI, 46.15% - NO, 42.56%); Pregunta 5 (Si, 46.67% - NO 41.96%); Consulta Popular: Pregunta 6 (SI, 46.60% - NO, 40.62%); Pregunta 7 (SI, 45.77% - NO,41.68%); Pregunta 8 (se formuló por

viabilizando la implementación de los cambios propuestos por la Administración Correa Delgado.

Durante este primer cuatrienio (2009-2013) se enunciaron dos acciones específicas: primera, la articulación clara entre los postulados de los cinco ejes programáticos de la revolución propuesta y su trasegar en el Plan Nacional del Buen Vivir; y, segundo, el desarrollo de acciones, gestiones y proyectos, para sustanciar la propuesta de cambio —sic (Correa, 2007)- *radical, profundo y rápido del sistema político, económico y social vigente.*

Esta agenda política del Gobierno de Correa Delgado se la articula en dos etapas, la primera desde el 2009 al 2013, y la segunda del 2013 al 2017; en ese sentido hay que recordar que la Administración Correa Delgado convoca a elecciones general, como estaba previsto al finalizar su primer mandato (2013), llevándose a cabo la primera vuelta electoral el domingo 17 de febrero del 2013.

Para este proceso electoral vuelve a participar Rafael Correa con su nuevo binomio Jorge Glas, de Alianza País, con apoyo del Partido Socialista Frente Amplio (PSFA) y Partido Avanza, obteniendo 4'918.482 votos (57.17%); Guillermo

---

cantones); Pregunta 9 (SI, 44.96% - NO, 42.04%); y, Pregunta 10 (SI, 48.03% - NO, 39.25%) --- Registro Oficial Suplemento N°490, de 13 de julio del 2011.

Lasso y Juan Carlos Solines, de Movimiento Creando Oportunidades (CREO), apoyados por el Partido Social Cristiano, que alcanzan 1'951.102 votos (22.68%); Lucio Gutiérrez y Pearl Boyes, del Partido Sociedad Patriótica 21 de Enero (PSP), con 578.875 votos (6.73%); Mauricio Rodas e Inés Manzano, del Movimiento Sociedad, Unidad Más Acción (SUMA) con 335.532 votos (3.72%); Álvaro Noboa y Anabella Azin, del Partido Renovador Institucional de Acción Nacional, con 319.956 votos (3.72%); Alberto Acosta y Marcia Caicedo, de Unidad Plurinacional de las Izquierdas, conformado por el Movimiento Popular Democrático (MPD) y Movimiento de Unidad Plurinacional Pachakutik, que obtienen 280.539 votos (3.26%); Norman Wray y Ángela Mendoza, de Movimiento Ruptura 25, con 112.525 votos (1.31%); y, Nelson Zavala y Dennys Cevallos, del Partido Roldosista Ecuatoriano (PRE), con 105.592 votos (1.32%) (CNE, 2013)

En lo legislativo, las elecciones tuvieron un final aún más contundente: Alianza País alcanza 100 escaños de 137, seguido de CREO con 11 escaños; PSC con 6 escaños; Pachakutik con 5 escaños; PSP con 5 escaños; AVANZA con 5 escaños; SUMA con 1 escaño; PRE con 1 escaño; otros con 3 escaños (CNE, 2013). La legislatura, para el período 2013-2017 volvía a ser concentrada por Alianza País, y el manejo que, como colegislador, hará el Presidente de la República desde el Ejecutivo será determinante.

Volvemos a vivir, en lo político-histórico, un resultado excepcional: el hecho de haber ganado con más del 50% más uno de los votos en primera vuelta –lo que implicó que no se diera la segunda vuelta y que el Presidente permaneciera como residente de Carondelet–, sino que a diferencia de las elecciones del 2009, en esta ocasión la mayoría parlamentaria era innegable e inexpugnable. Los objetivos de Alianza País contenidos en el Plan del Buen Vivir se fortificaron en el número mágico legislativo que excluía negociar con los otros copropietarios de la Asamblea, y permitía la aprobación de piezas legales que sustanciarían la 'Revolución Ciudadana'. Al amparo de la Constitución del 2008 empezaba el segundo Mandato del Eco. Correa Delgado, con el acto protocolar de posesión que se llevó a cabo el 24 de mayo del 2013. Culminó su mandato el 24 de mayo del 2017.

En lo referente a las gestiones y acciones en torno a la implementación de los cinco ejes programáticos postuladas en el 2006, hay que anotar:

Sobre *(i) la Revolución Constitucional y Democrática*, una vez vigente la nueva Constitución (2008), que no solamente redefinió el contrato social ecuatoriano, sino que implicó un cambio sustantivo en la forma de abordar la democracia, nos presentó una nueva mecánica relacional política, introduciendo un mecanismo participativo para reducir la esfera de influencia del mecanismo representativo, con el agregado de dos poderes o funciones adicionales, incorporando nuevas realidades jurídico-políticas a la doctrina constitucional clásica y al pensamiento montesqueriano del equilibrio de poder.

El eje programático relativo a *(ii) la Revolución Ética*, resulta complejo y en ese sentido difícil de aquilatar, si se pretende valorarlo para emitir un juicio objetivo. Sin embargo la calistenia analítica nos permitirá poner ciertas premisas cuantificables para analizar este eje programático.

En esa propuesta la justicia puede ser considerada una esfera ética en cuanto la misma tiene una deontología y teleología axiológica. En ese sentido, se produce un cambio en la estructura institucional de la función judicial empoderando al Consejo de la Judicatura (El Telégrafo, 2013), cuyo accionar muy difuso no ha permitido que la sociedad logre creer en el sistema judicial y se arraigue el criterio de que los jueces y el sistema están maniatados por los intereses del Gobierno.

En el ámbito de la función ejecutiva, se aplicó una tabla de posicionamientos dentro del sector público, que permite establecer una escalera salarial, vinculando cada escalón no sólo a una remuneración específica, sino a requisitos 'meritocráticos'. A este tema, que reforma la estructura del capital humano de la administración pública, se sumó la implementación del criterio de 'discriminación positiva o acción afirmativa' y 'acción positiva' que, deplorablemente, por medidas de corte demagógico, se han implementado no como elementos para dirimir en caso de igualdad de puntuación, sino como criterio primario de selección, transformando a los discriminados en discriminadores.

El mismo criterio mecanicista transformó a la administración pública en una fábrica de bienes y servicios, quebrando el criterio organicista que mira al Estado como una unidad integral que reconoce la existencia de segmentos con sus propias especificidades y por tanto el tratamiento individual de las mismas.[156]

La percepción de este eje programático puede advertirse, por ejemplo, en dos temas presentes: la libertad de expresión y la corrupción. Sobre el primero, hay que anotar que no es un derecho de los medios de comunicación, sino de todos los ciudadanos ya que la Ley de Comunicación, según se puede analizar, busca poner en balance el ejercicio

---

[156] En este elemento del eje programático (ii) de la Revolución Ética, se advierte una motivación política en esta reingeniería, al incorporar en la administración pública personal que, por convicción o conveniencia, deben adecuar su conducta y accionar al partido de Gobierno; con lo cual se busca sustituir al viejo establishment o lo más perverso, obligar a que guarde silencio, so pena de posibles discriminaciones por no estar alineado a la agenda política del Gobierno.

periodístico respecto de sus contenidos y afirmaciones exigiendo cotejar datos y verificar fuentes. Al respecto, una sosegada evaluación debela[157] a los comentarios adversos al ejercicio de la libertad de expresión y, por cierto, a la libertad de prensa.

Sobre la corrupción, el tema resulta más denso e incrimina al Gobierno de "Manos Limpias, Corazones Ardientes y Mentes Lúcidas". Existe una Comisión Anticorrupción que se inauguró con el Gobierno de Correa Delgado, y que ha formulado informes sobre varios casos, sin que hayan sido atendidos con prontitud, sea para demostrar la inexistencia de dicho acto, o bien para iniciar los procesos legales provenientes de ese accionar.

La corrupción constituye el lastre más complejo para esta Administración en los últimos años, empezando por el caso del señor Pedro Delgado Campaña, quien fungió de Presidente del Director del Banco Central del Ecuador y titular del fideicomiso AGD–CFN, quien además utilizara un título universitario falso (El Comercio, 2014); o el caso de Carlos Pareja Yannuzelli y su vinculación a los denominados 'Panama Paper' (El Expreso, 2016); entre otros de dominio público, hasta aquellos que involucran

---

[157] *Vencer de modo definitivo al adversario por la fuerza o con argumentos* (RAE, 2016).

al Vicepresidente Jorge Glas, en actos poco transparentes (Aguilar, 2016).

Respecto del eje programático *(iii) la Revolución Económica y Productiva*, ésta tiene dos aristas claras: la relacionada con los cambios de la matriz productiva y energética; y la vinculada con el desarrollo de bienes de capital[158].

Sobre el cambio de la matriz productiva, ésta sigue siendo una deuda por cobrar, de acuerdo al ranking empresarial en función de los ingresos reportados, por la cual la composición productiva nacional no ha cambiado sustantivamente en los últimos 15 años, lo que implica que no se ha producido una mudanza en la estructura misma del sector productivo (Ekos, 2015); información que se ratifica al cotejar los datos de las 500 empresas que más han tributado en el país (SRI, 2013), y el informe emitido por la Superintendencia de Compañías 2015 (Cabrera, 2015).

---

[158] *Los bienes de capital son la maquinaria, los inmuebles, las instalaciones y las infraestructuras que se utilizan junto a otros factores de producción (trabajo, materias primas y bienes intermedios), para producir a su vez otros bienes y servicios* (Uxó González, 2016). En esa lógica conceptual debe verse la construcción y rehabilitación de la red vial del país —carreteras en Macas, Jambelí-Latacunga-Ambato, El Triunfo, entro otras-; los aeropuertos en Catamayo, Esmeraldas, Latacunga y Tena; Escuelas del Milenio; Complejos Judiciales; ECU911; energía eólica en Villonaco; hidroeléctricas; hospitales; puentes en Aguarico, La Isla, Rio Napo, Esmeraldas; etc.

En referencia a la matriz energética, dos elementos saltan a la vista que no permiten cambiar el esquema extractivista: primero, la economía ecuatoriana depende inseparablemente de la producción y exportación del petróleo, lo que implicó que el Gobierno atendiera este sector a través de la repotenciación –Esmeraldas- y planificación y ejecución –Pacífico- de refinerías, a lo que se suma la autorización para la exploración y explotación de crudo en los bloques 31 y 43 –los campos Ishpingo-Tambococha-Tiputini (ITT)-, ubicados en el Yasuní; y, segundo, la alta inversión que implica, sumada al tiempo de desarrollo de los proyectos hidroeléctricos, que originalmente, y previo a la crisis de la baja del petróleo, serían administrados por el Estado, y que ha obligado al Gobierno a buscar la privatización de tres de estas mega obras (PanamPost, 2016). Estas acciones se desarrollaron durante los períodos presidenciales (2009 a 2013 y 2013 a 2017) de Correa Delgado.

Sobre *(iv) la Revolución Educativa y de Salud*, las acciones más significativas se advierten, en lo político, con el retiro del Movimiento Popular Democrático (MPD) y su brazo magisterial (Unión Nacional de Educadores, UNE) que habían manipulado y degradado la educación del país por más de 50 años y la adopción de una nueva Ley Orgánica de Educación Superior[159]; y en lo físico, la rehabilitación –Unidad

---

[159] La Asamblea Nacional, el 4 de agosto de 2010, expidió la nueva LOES, uno de cuyos considerandos sustenta *Que, es necesario dictar una nueva*

Escolar Amauta Ñan, Flavio Alfaro, Guano, Los Encuentros (Yantzaza), Rodrigo Riofrío, Tarqui, entre otros- por un lado, y por otro, la construcción −Escuelas del Milenio- de infraestructura educativa (Andrade, 2015), y a nivel de educación superior −con la creación de Yachay- llamada a incrementar la mano de obra capacitada por un lado y por otro, permitir el desarrollo de ciencia y tecnología, como bienes de capital del nuevo milenio.

En salud, el establecimiento de la Red Pública de Salud y atención hospitalaria −a través del Ministerio de Salud Pública (MSP), como del Instituto de Seguridad Social del Ecuador (IESS)- con edificaciones de hospitales como en Santa Rosa, en Orellana, en el Puyo (Andrade, 2015); la inclusión de la medicina preventiva; el uso general y universal de hospitales que otrora eran exclusivos de las Fuerzas Armadas y la Policía Nacional; la potenciación de

---

Ley Orgánica de Educación Superior que contribuya a la transformación de la sociedad, a su estructura social, productiva y ambiental, formando profesionales y académicos con capacidades y conocimientos que respondan a las necesidades del desarrollo nacional y a la construcción de ciudadanía (Asamblea Nacional, 2013, pág. 155). Y en las Disposiciones General Primera y Transitoria Primera, en su orden, dispuso que adecuen su estructura orgánica, académica, financiera y estatutaria al nuevo ordenamiento jurídico funcional; y señaló el plazo de cinco años para que todas las instituciones que conforman el Sistema de Educación Superior, públicas y privadas, cumplan con la evaluación y acreditación del Consejo de Evaluación, Acreditación y Aseguramiento de la Calidad de la Educación Superior.

los Centros de Salud, entre otras, son pruebas de cambio en este orden.

El eje programático *(v)* *Revolución por la Dignidad, la Soberanía y la Integración latinoamericana,* resulta más complejo por los alcances conceptuales como por la articulación funcional de los mismos; sin embargo, el cigüeñal se asienta en la reforma institucional del Estado, bajo la lógica mecanicista de que todas las entidades del Estado deben y tienen que funcionar bajo un parámetro unificador único.

En el frente externo este eje postuló y articuló las relaciones vecinales fronterizas[160] y las relativas a la soberanía, en cuanto

---

[160] En el sur, con el Perú, se las condujo dentro del espíritu de amistad y en el marco trazado por los nuevos linderos de cooperación derivados de los Acuerdos de la Paz –Brasilia, Octubre 1998–; y, en el norte, con Colombia, tras la incursión abyecta de las Fuerzas Armadas colombianas al territorio ecuatoriano, se restablecieron las relaciones vecinales a su cauce normal a partir del 13 de noviembre de 2009. Recuérdese que amparadas en la 'Teoría del Realismo Ofensivo', las autoridades del vecino país decidieron atacar, el primero de marzo de 2008, a un campamento de las FARC ubicado en Angostura –territorio ecuatoriano– lo cual originó la 'peor crisis diplomática de su historia', dicho por la propia Colombia. Al respecto una Comisión de la OEA, el 17 de marzo de ese año, en el Informe que presentó por mandato de la XXV Reunión de Consulta de Cancilleres de la región, reafirmó el principio de inviolabilidad del territorio de un Estado y reconoció que *fuerzas armadas y efectivos de la policía de Colombia incursionaron en el territorio del Ecuador [...] Este hecho constituye una violación de la soberanía y de la integridad territorial del Ecuador y de los principios del Derecho Internacional* (Montenegro, 2004, pág. 31). El Presidente Correa Delgado, el 3 de marzo, denunció la agresión a la soberanía ecuatoriana; dispuso la

vemos a las mismas como una manifestación de lo territorial y marítimo del país, y en ese sentido, efectivamente, se inscribieron como tareas de interés recíproco, la negociación de la delimitación de los linderos marítimos con el Perú, Colombia y Costa Rica, respectivamente. Asimismo, vemos que el tema integración toma fuerza política en la agenda ecuatoriana, e impulsamos y participamos en la consolidación de organismos como el ALBA, UNASUR, CELAC, etc. (Narváez Ricaurte, 2016).

Sobre la dignidad, que resulta sumamente compleja de definir por un lado, y de articular, por otro, debido a su naturaleza abstracta y axiológica, no puede concebirse como el ejercicio de formulación de políticas sin injerencia externa –ya que responde a una lógica de interacción entre las unidades diferenciadas–.

★ ★ ★

Los efectos resultantes de este proceso de la 'Revolución Ciudadana' son evidentes. En lo político, el Eco. Rafael Correa D. se constituyó en el líder único a nivel nacional, desplazando a quienes otrora fueron dirigentes políticos.

---

ruptura de las relaciones diplomáticas; y emprendió en una tenaz defensa de los derechos ecuatorianos, actitud que mereció el acompañamiento internacional.

La gestión del Gobierno se atrincheró en la desacreditación de las estructuras partidistas tradicionales, incluso con mea-culpa, pues no han creado mecanismos institucionales dentro de sus propias filas, que pudieren heredar la dirigencia del Movimiento Alianza País, y el surgimiento de líderes alternos. Sin embargo, el Presidente ha tenido que dar espacios pequeños y controlables de confrontación a actores de reparto, para mantener la lógica de enfrentamiento político, y evitar que infecte la estructura monolítica del partido de Gobierno. Ha logrado que todo el aparato Estatal se alinee a la propuesta de Gobierno, con lo cual las resistencias —entendidas como el ejercicio de pesos y contrapesos- se vuelven inocuas cuando menos.

Como mecánica comunicacional, a pesar de la implementación de elementos de difusión —sabatinas- la política del Gobierno se ha articulado a través de una lógica de 'menor información o desinformación', con lo que logra tener a la sociedad ecuatoriana y a los estamentos políticos, discutiendo temas que son vacuos y de senderos triviales, distrayendo la atención de aquellos respecto del análisis profundo que merecería el proyecto de Buen Vivir que se está implementando.

En ese contexto, la sociedad ecuatoriana se ha polarizado profundamente en torno al quehacer político, al punto que ha olvidado la tercera vía, es decir la posición por la cual se reconozcan méritos y errores, en una dialéctica que guíe la investigación de la verdad. Nos han orillado al maniqueísmo político.

Paralelamente, en lo social ha incrementado la clase media (Sosa, 2015), dinamizando la economía, al ser una clase de consumo, lo que implica aspiraciones mayores en temas educacionales, exigencias de infraestructura, demanda de bienes de consumo, etc.; aunque políticamente, resulta una clase que, una vez alcanzado este estadio, no admitiría –incluso si proviene de quien facilitó su ascenso– cualquier medida que pueda afectar ese nuevo nivel de vida adquirido por haber pasado a formar parte de la clase media. Huelga señalar que este ascenso no viene aparejado de un ethos por lo que se advertirá que en esta primera generación no habrá cambios cualitativos, sino cuantitativos.

Con todo este escenario, el Ecuador eligió al Presidente, Vicepresidente y Asambleístas para el período 2017-2021, en el marco de un tablero político que se ha mostrado más vívido y libre, y que ha obligado al Gobierno del Presidente Lenin Moreno a modificar los términos relacionales del quehacer y la articulación político-social, como nueva conducta y dialéctica nacional.

Las elecciones del 2017 se volvieron un espacio de reedición del espectro más amplio de operadores políticos, terciando para dicho cargo personalidades como: Paco Moncayo y Monserrat Bustamante, por Alianza Centro Democrática, Unidad Popular, Izquierda Democrática, Pachakutik, Listas 1-2-12-18; Patricio Zuquilanda y Johny Jorgge Álava, Partido Sociedad Patriótica 21 de Enero, Lista 3; Iván Espinel y Doris Quiroz, Movimiento Fuerza Compromiso Social, Lista 5; Cynthia Viteri y Mauricio Pozo, Partido Social Cristiano – Madera de Guerrero, Lista 6; Abdalá Bucaram Pulley y Ramiro Aguilar, Partido Fuerza Ecuador, Lista 10; Washington Pesantes y Alex Alcívar, Movimiento Unión Ecuatoriana, Lista 19; y, Guillermo Lasso y Andrés Páez, de Alianza CREO – SUMA, Lista 21-23.

En definitiva, la contienda electoral la protagonizarán 168 organizaciones políticas, incorporadas y reconocidas en el registro nacional permanente del CNE, al 18 de agosto del 2016. Al desplegar el abanico de las inscripciones –se tornan difusas las propuestas ideológicas y programáticas con desconcierto para los ciudadanos y aún para los afiliados y militantes de esas tiendas políticas-, del universo mencionado, 16 son agrupaciones políticas a nivel nacional: 9 partidos y 7 movimientos; 54 organizaciones políticas provinciales[161]; 84 movimientos cantonales; y, 14 movimientos parroquiales (ForosEcuador, 2016).

Este contexto electoral, se desarrolló bajo un nuevo "Pacto Ético" articulado a través de una Consulta Popular y planteada de la siguiente manera: *¿Está usted de acuerdo en que para desempeñar una dignidad de elección popular o para ser servidor público, se establezca como prohibición tener bienes o capitales, de cualquier naturaleza en paraísos fiscales?*. Al respecto, el Consejo Nacional Electoral (CNE), el lunes 21 de noviembre de 2017, recibió la notificación con dictamen favorable de la Corte Constitucional para convocar la Consulta Popular solicitada por el presidente Rafael Correa.

Una reflexión final, independientemente del Gobierno de turno, resulta axiológicamente necesaria: tres temas deben ser abordados por el Estado. El primero, el de la lucha contra la corrupción, la necesidad de transparentar la gestión pública y romper con el esquema maniqueo del quehacer político; segundo, introducir en la formación ciudadana una cultura política, que se inicia con la necesidad de que los actores políticos se vean obligados a formular un plan de gobierno y éste sea sujeto al escrutinio público; y, tercero,

---

[161] Azuay 3, Bolívar 4, Carchi 5, Cotopaxi 1, Chimborazo 3, El Oro 2, Esmeraldas 1, Guayas 3, Imbabura 1, Loja 4, Los Ríos 1, Manabí 2, Morona Santiago 1, Napo 3, Pastaza 1, Pichincha 2, Tungurahua 2, Zamora Chinchipe 2, Galápagos 3, Sucumbíos 1, Orellana 2, Santo Domingo de las Tsachilas 2, y Santa Elena 5

el objetivo común que debe ser el eje rector de la gestión burocrática: los objetivos nacionales contemplados en la Constitución, no así los objetivos del Gobierno de turno; el gobierno de turno prioriza los objetivos nacionales, y no los define; traza las estrategias y ejecuta sus planes y programas de acción.

BIBLIOGRAFÍA

Acosta, A. (2001). *Breve Historia Económica del Ecuador*. Quito: Corporción Editora Nacional.

Agee, P. (1975). *The Company: Una historia de la CIA*. Estados Unidos: Farra Straus & Giroux.

Aguilar Aguilar, F. (1991). *Ecuador contemporáneo*. México DF., México: Universidad Nacional Autónoma de México.

Aguilar, R. (07 de Noviembre de 2016). *El enigma de la Estrella de Panamá*. Obtenido de Cuatro Pelagatos: http://4pel agatos.com/2016/11/07/el eni gma de l a estr el l a de panama/ 1/3

Aguirre, M. (1995). *Anuario CIP 1994-1995: Ruptura de hegemonías, la fragmentación del poder en el mundo*. Madrid: Icaria editorial.

Aibar Gaete, J. (2007). *Vox Populi: populismo y democracia en Latinoamérica*. México DF., Mëxico: FLACSO.

Alburquerque, F., Deníz, J., Hernández-Andreu, J., Maté, V., Ontiveros, E., Santamaaría, A., . . . Ziegler, J. (1988). *Crisis Económica Mundial y Tercer Mundo*. Madrid, España: Editorial IEPALA.

Alcántara Sáenz, M., & Freidenberg, F. (2001). *Partidos políticos de América Latina: Países andinos*. Salamanca, España: Editorial Universitaria Salamanca.

Almeida, I. (1991). *Indios> una reflexi'on sobre el levantamiento ind'egena de 1990*. Quito: FLACSO.

Andes. (02 de marzo 2015) *Presidente Correa dice que marchas de oposición buscan "desgastar" al gobierno.* En Andes: http://www.andes.info.ec/es/noticias/presidente-correa-dice-marchas-oposicion-buscan-desgastar-gobierno.html

Andrade, C. (16 de Marzo de 2015). *Lista de Obras de Rafael Correa en Ecuador.* Obtenido de Sinmiedosec: http://sinmiedosec.com/lista-de-obras-de-rafael-correa-en-ecuador/

Araya Pochet, C. (2005). *Historia de América en perspectiva Latinoamericana.* San José, Costa Rica: EUNED, Editorial Universidad Estatal a Distancia.

Arias, N., Celi, P., Fuentes Díaz, A., García Linera, Á., Puello-Socarrás, J. F., Quintero, R., . . . Stefanoni, P. (2005). *Revista Ciencias Sociales, segundo trimestre.* Quito: Universidad Central del Ecuador.

Arízaga Vega, R. (1985). *Velasco Ibarra: el rostro del caudillo.* Quito: R. Arízaga Vega.

Arroyo del Rio, C. (1946). *Bajo el imperio del Odio.* Quito: El Gráfico.

Aspiazu Estrada, R. (05 de Junio de 2016). La Guerra de los Cuatro Días. *El Comercio,* pág. 10.

Avilés Pino, E. (05 de Enero de 2013). *Enciclopedia del Ecuador.* Recuperado el 23 de Septiembre de 2016: http://www.enciclopediadelecuador.com/personajes-historicos/

Ayala Mora, E. (1985). *Lucha política y origen de los partidos en Ecuador.* Quito: Corporación Editora Nacional.

Ayala Mora, E. (1988). *Nueva historia del Ecuador.* Quito: Corporación Editora Nacional.

Ayala Mora, E. (2016). *García Moreno: su proyecto político y su muerte*. Quito: Paradiso Editores.

Báez, R., Cueva, A., Mejía, L., Moncada, J., Moreano, A., & Velasco, F. (1995). *Ecuador: pasado y presente*. Quito: Colección Ensayo.

Barrera G., A., Gallegos, F., & Rodríguez J., L. (1999). *Ecuador: un modelo para [des] armar: descentralización, disparidades regionales y modo de desarrollo*. Quito: VECO, ILDIS, ABYA YALA.

Bastian, J.-P. (2012). La modernidad religiosa: Europa latina y América latina en perspectiva comparada. En J.-P. Bastian, *La Recomposición Religiosa de América Latina en la Modernidad Tardía*. México DF: Fondo de Cultura Económica.

Bernal, A. M., Chavez V., G., Endara O., X., García S., F., Kowii, A., Saltos C., V., . . . Vintimilla S., J. (2000). *De la Exclusión a la Participación: Pueblos Indígenas y sus Derechos Colectivos en el Ecuador*. Quito: Abya-Yala.

Burbano Játiva, A. (2003). *Más autonomía, más democracia*. Quito: UASB, Abya-Yala & Corporación Editora Nacional.

Cabrera, M. (21 de Julio de 2015). *Ranking de las mayores empresas privadas del Ecuador 2015*. Obtenido de EcuadorTIMES.net: http://www.ecuadortimes.net/es/2015/07/21/ranking-de-las-mayores-empresas-privadas-del-ecuador-en-2015/

CAIC. (19 de Octubre de 2016). *Auditoria a la Deuda Ecuatoriana*. Obtenido de Comisión para la Auditoría Integral del Crédito Público: http://www.auditoriadeuda.org.ec/index.php?option=com_content&view=article&id=44:auditoria-a-la-deuda-ecuatoriana&catid=35:auditoria-de-la-deuda-ecuatorianacategoria&Itemid=55

Camacho, D., & Menjívar, R. (2005). *Los Movimientos populares en América Latina*. Buenos Aires, Argentina: Siglo Veintiuno Editores & Universidad de las Naciones Unidas.

Campos, M. (2011). *El Capitalismo Burocrático en el Ecuador*. Quito: M. Campos.

CNE. (26 de Abril de 2009). *Resultados Oficiales Elecciones 2009: primera vuelta*. Obtenido de Consejo Nacional Electoral: https://app.cne.gob.ec/resultados2009/

CNE. (17 de Febrero de 2013). *Elecciones 2013*. Obtenido de Resultados Oficiales: http://resultados2013.cne.gob.ec/Results.html?RaceID=1&UnitID=1&IsPS=0&LangID=0

Convención Nacional. (13 de Agosto de 1835). *Constitución de la República del Ecuador*. Quito, Pichincha, Ecuador: Palacio de Gobierno de Quito.

Cordero Aroca, A. (2004). *Documentos políticos de la administración de don Vicente Rocafuerte, gobernador de la provincia de Guayaquil, 1839-1843*. Guayaquil: Fundación Casa de Rocafuerte.

Córdova, G. (2003). Derrota y triunfo del gran elector: elecciones 2002 en Ecuador. *ICONOS*, 37-43.

Correa, R. (2003). La política económica del gobierno de Lucio Gutiérrez: una perspectiva desde la economía política. *ÍCONOS*, 6-10.

Correa, R. (15 de Enero de 2007). *Discurso de Posesión ante el Congreso Nacional*. Obtenido de Efemérides: http://www.efemerides.ec/1/enero/0115_4.htm

Correa, R. (2010). *Ecuador: de Banana Reuplic a la No República*. Barcelona, España: Random House Mondadori, S.A.

Crespo Polo, E., & Guerrero Bravo, M. (1998). *El ajuste neoestructural vs. el ajuste neoliberal en el Ecuador (Período 1988-1996)*. Cuenca, Ecuador: U Ediciones, Colección Tesis N°2.

CSIS. (01 de Noveimbre de 2002). *Ecuador: 1996 Presidential Elections*. Obtenido de Georgetown University - Base de Datos Políticos de las Américas: http://pdba.georgetown.edu/Elecdata/Ecuador/presII96.html

Cuvi, P. (2007). *Velasco Ibarra: el último caudillo de la oligarquía*. Quito: Eskeletra Editorial.

Cuvi, P. (2009). *Historia gráfica del Ecuador: 1809-2009*. Quito: Ministerio de Cultura del Ecuador.

De La Torre Espinosa, C. (1993). *La Seducción Velasquista*. Quito: Coedición Libri-Mundi & FLASCO. Obtenido de Facultad Latinoamericana de Ciencais Sociales (FLACSO): http://www.flacsoandes.edu.ec/biblio/catalog/resGet.php?resId=23861

del Pozo, J. (2002). *Historia de América Latina y del Caribe: 1825-2001*. Santiago, Chile: Editorial LOM.

Destruge, C. (1992). *Urvina el presidente: biografía del general José María Urvina*. Quito: Banco Central del Ecuador.

Díaz Cueva, M., & Jurado Noboa, F. (1999). *Alfaro y su tiempo*. Quito: Fundación Cultural del Ecuador.

Donoso Moreno, C. (2009). *Ecuador - Perú: Evaluación de una década de paz y desarrollo*. Quito: FLASCO & CAF.

Ecuadorinmediato. (16 de Agosto de 2016). *"Mi binomio será quiteño", revela Guillermo Lasso*. Recuperado el 25 de Agosto de 2016, de

Ecuador Inmediato.com:http://www.ecuadorinmediato.com/index. php?module=Noticias&func=news_user_view&id=2818806904

Echeverría, J. (2010). Complejidad del campo político en la construcción democrática en el Ecuador. En F. Burbano de Lara, *Transiciones y rupturas: el Ecuador en la segunda mitad del siglo XX* (págs. 75-114). Quito: FLACSO & Minsiterio de Cultura.

Echeverría, J., & Montúfar, C. (2008). *Plenos poderes y transformación constitucional.* Quito: Abya-Yala & Diagonal.

Ekos. (15 de Junio de 2015). *Ranking Empresarial 2015.* Obtenido de El Portal de Negocios del Ecuador: http://www.ekosnegocios.com/ empresas/RankingEcuador.aspx

El Comercio. (28 de Abril de 2010). *Velasco Ibarra fue derrocado por los militares en 1972.* Obtenido de Sección Actualidad: http://www.elcomercio. com/actualidad/velasco-ibarra-derrocado-militares-1972.html

El Comercio. (09 de Septiembre de 2014). *Pedro Delgado, una historia que comenzó en el 2011 al llegar al Banco Central.* Obtenido de Sección Seguridad: http://www.elcomercio.com/actualidad/pedrodelgado-cronologia-bancocentral-cofiec-duzac.html

El Economista. (11 de Mayo 2012) *Definición de Commodities.* En El Economista: http://eleconomista.com.mx/mercados-estadisticas/2012/05/11/ abc-commodities

El Expreso. (25 de Agosto de 2013). Carta de la Esclavitud. *expreso.com,* págs. http://expreso.ec/guayaquil/carta-de-la-esclavitud-DEGR_ 5005077.

El Expreso. (05 de Octubre de 2016). *La mancha de la corrupción se extiende en Petroecuador.* Obtenido de Sección Actualidad Nacional: http://expreso. ec/actualidad/mancha-corrupcion-extiende-petroecuador-CA741411

El Telégrafo. (13 de Octubre de 2012). *El general más antiguo de las FF.AA. cumple 100 años.* Obtenido de Internet Archive WayBackMachine: http://web.archive.org/web/20130612000721/http://www.telegrafo. com.ec/noticias/sociedad/item/el-general-mas-antiguo-de-las-ffaa-cumple-100-anos.html

El Telégrafo. (09 de Enero de 2013). *Ecuador tiene nuevo Consejo de la Judicatura para los próximos seis años.* Obtenido de Sección Información General: http://www.eltelegrafo.com.ec/noticias/informacion-general/1/ecuador-tiene-nuevo-consejo-de-la-judicatura-para-los-proximos-seis-anos

El Telégrafo. (29 de Octubre de 2016). Moreno lidera preferencias electorales. *Sección Política*, pág. 03.

El Unvierso. (23 de Junio de 1970). Portada. *Dr. Velasco Ibarra Asumió Todos los Poderes*, pág. 01.

El Universo. (21 de Julio de 2002). *El camino de la democracia desde 1978.* Obtenido de Sección Política: http://www.eluniverso.com/ 2002/07/21/0001/8/52AE0FCBBFE048AFAB2705CF7C018CFC. html

El Universo. (16 de Diciembre de 2008). *Las 12 horas del 'Taurazo'.* Obtenido de Sección Política: http://www.eluniverso.com/2008/12/16/1/1355/ A8970477D4F34A529278E1A81E814E37.html

Erráez, J. P. (2014). *Sistema de Indicadores del Cliclo de Crecimiento Económico, Nota Técnica N°77.* Quito: Banco Cetnral del Ecuador, Dirección de Estadística Económica.

Espín Mosquera, A. (2005). *La rebelión de los forajidos: crónica breve.* Quito: A. Espín Mosquera.

Espinosa, S. (2003). *Presidentes del Ecuador.* Quito: Revista VISTAZO.

Estrada, E. (1984). *La campaña de los chapulos (1884).* Guayaquil: Universidad de Guayaquil.

Fernández-Rasines, P. (2001). *Afrodescendencia en el Ecuador.* Quito, Ecuador: Ediciones Abya-Yala.

Foros Ecuador (13 de agosto del 2016) *Lista de Partidos Políticos del Ecuador (Actuales y vigentes 2016) CNE.* Obtenido de ForosEcuador.ec: http://www.forosecuador.ec/forum/ecuador/pol%C3%ADtica/59558-lista-de-partidos-pol%C3%ADticos-del-ecuador-actuales-y-vigentes-2016-cne

Freidenberg, F., & Alcántara Sáenz, M. (Diciembre de 2001). *Los dueños del poder: los partidos políticos en Ecuador (1978-2000).* Obtenido de FLACSO: http://www.flacsoandes.edu.ec/libros/digital/45031.pdf

Gamboa, C., Ruiz, O., Masaquiza, M., Carreño, L., Camacho, L., & Trujillo, R. (2005). *Aportes andinos sobre derechos humanos: investigaciones monográficas.* Quito: Universidad Andina Simón Bolivar, Unión Europea, Agencia Suiza para el Desarrollo y la Cooperación & Abya-Yala.

García Jordán, P. (2006). *Estado, región y poder local en América Latina, siglos XIX-XX.* Barcelona: UBe, Unviersidad de Barcelona.

García Jordán, P., Gussinyer, J., Izard, M., Laviña, J., Piqueras, R., Tous, M., & Zubiri, M. (2000). *Estrategias de poder en América Latina*. Barcelona: Universidad de Barcelona.

Gartelmann, K. (2008). *Nariz del Diablo y Monstruo Negro: el ferrocarril más difícill del mundo*. Quito: Trama Ediciones.

Gaviria, C., Thomas, C. R., & Spehar, E. M. (1998). *Observaciones Electorales en Ecuador (OEA/Ser.D/XX -SG/UPD/II.17)*. Washington, Estados Unidos de América: Secretaría General de la OEA.

Gijardo, P. (1996). Fate of Government Reforms Decided in Comlpex Referendum: Ecuadoreans Say No - But to What? *IFES - The International Foundation for Elections Systems, Vol 5*(4), 22-26.

Gómes Pinto, V. (2005). *Guerra en los Andes*. Quito: Abya-Yala.

Gomezjurado Zevallos, J. (2014). *Velasco Ibarra. Textos políticos*. Quito: Secretaría Nacional de Gestión de la Política.

Gomezjurado Zevallos, J. (2014). Velasco Ibarra: pensamiento y acción política. En F. Tinajero, *Pensamiento Político Ecuatoriano* (pág. 11). Quito: Secretaría Nacional de Gestión de la Política.

Gomezjurado Zevallos, J. (2014). *Un Gobierno Responsable y Honrado*. Quito: Severo Gomezjurado Z.

Gomezjurado Zevallos, J. (2015). *Quito: historia del cabildo y la ciudad*. Quito: Javier Gomezjurado Z.

Gozzi, E., & Tappatá, R. (2003). *Priemra iniciativa de reforma financiera profunda en América Latina: la Misión Kemmerer*. Recuperado el 30 de Septiembre de 2016, de Fit & Proper Consulting: http://www. fitproper.com/documentos/propios/Mision_Kemmerer.pdf

Granda, E. (2003). *Un perro tocando la lira y otros poemas*. Quito: Libresa.

HEE. (11 de Septiembre de 2006). *Crisis Económica Década de los 30's*. Obtenido de Historia y Economía del Ecuador (HEE): http:// historiaecuador.blogspot.com/2006/09/crisis-econmica-dcada-de-los-30s.html

Heller, S. (2006). *Una mirada diferente a la Historia del Ecuador*. Quito: Intercírculos Editores.

Henderson, P. (2008). *Gabriel García Moreno and Conservative State Formation in the Andes*. Austin: University of Texas Press.

Hurtado Larrea, L. O. (1990). *Política democrática: testimonios 1964-1989*. Quito: Fundación Ecuatoriana de Estudios Sociales.

Icaza, J. (2005). *Huasipungo*. Quito: Libresa.

Jaramillo J., C. (1996). *Informe del Tribunal Supremo Electoral al H. Congreso Nacional*. Quito: Tribunal Supremo Electoral.

La Guía. (10 de Diciembre de 2007). *LaGuía2000.com*. Recuperado el 05 de Septiembre de 2016, de Ecuador, Siglo XIX, José María Urbina: http://www.laguia2000.com/ecuador/jose-maria-urbina

La Hora. (13 de Abril de 2000). *Carlos Mendoza declaró en Corte Militar*. Obtenido de Sección País: http://lahora.com.ec/index.php/noticias/show/1000012038/-1/.html#.WBEPHlvhCM8

La Prensa Católica. (1959). *Los Jesuitas en El Ecuador: su ingreso y expulsión 1850-1852*. Quito: La Prensa Católica.

La Red21. (18 de Abril de 2008). *Editorial: El corazón a la izquierda, el bolsillo a la derecha.* Obtenido de LaRed21: http://www.lr21.com.uy/ editorial/307675-el-corazon-a-la-izquierda-el-bolsillo-a-la-derecha

Lauderbaugh, G. (2012). *The History of Ecuador.* Santa Barbara, California: Greenwood.

Legislatina. (27 de Agosto de 2009). *Resultados Elecciones Legislativas de Ecuador 2009.* Obtenido de Observatorio del Poder Legislativo en América Latina: https://web.archive.org/web/20160306112130/ http://americo.usal.es/oir/legislatina/ecuador.htm#Listado_de_ Asambleístas,_2009

Lenz, H. M. (2013). *Heads of States and Goverments: a Worldwide Encyclopedia of Over 2.300 Leaders. 1945 through 1992.* Nueva York, Estados Unidos: Routledge.

López Contreras, J. (2004). *Ecuador-Perú: antagonismos, negocaición e intereses nacionales.* Quito: Abya-Yala.

Luna Tobar, A. (1997). *Historia política internacional de las Islas Galápagos.* Quito: Abya-Yala.

Malo González, H., & Arellano Escobar, E. (1984). *Pensamiento universitario ecuatoriano, Parte 2.* Quito: Banco Central del Ecuador.

Marchán Vélez, M. (1996). *Almanaque Ecuador Total 1996.* Recuperado el 20 de Septiembre de 2016, de Ministerio de Cultura y Patrimonio: http://biblioteca.culturaypatrimonio.gob.ec/cgi-bin/koha/opac-detail.pl?biblionumber=179557&shelfbrowse_itemnumber=190086

Millet, D., & Toussaint, É. (2005). *Deuda externa Banco Mundial y FMI: 50 preguntas / 50 respuestas.* Quito: ILDIS & Abya-ala.

Mills, N. D. (1984). *Crisis, conflicto y consenso: Ecuador, 1979-1984.* Quito: Corporación Editora Nacional & Cordes

Molina, J. C. (28 de Agosto de 2009). Discurso del Presidente Jaime Roldós Aguilera en el marco de la condecoración a los héroes de Paquisha. Quito, Pichincha, Ecuador.

Moncada Sánchez, J. (2001). *Entre Milenios.* Quito: Abya-Yala.

Montalvo, J. (1993). *Páginas Escogidas.* Caracas, Venezuela: Editorial Ayacucho.

Montenegro Nevil, A. (Mayo, 2014) *A los cinco años del ataque de Angostura.* Revista AFESE N°59, p.31-sig. Quito: AFESE & Camaleón Diseño Visual

Montufar, C. (2007). *El populismo intermitente de Lucio Gutiérrez.* Obtenido de FLACSO / ANDES: http://www.flacsoandes.edu.ec/biblio/catalog/resGet.php?resId=24686

Moreno Yáñez, S., & Ayala Mora, E. (2008). *Manual de historia del Ecuador: Época republicana.* Quito: Universidad Andina Simón Bolivar.

Muñoz Vicuña, E. (1987). *La guerra civil ecuatoriana de 1895: una epopeya de la revolución burguesa antifeudal - el triunfo del Partido Radical de Eloy Alfaro.* Guayaquil: Universidad de Guayaquil.

N.N. (2001). *Eloy Alfaro: como hombre, como revolucionario, como héroe.* Portoviejo: Ediciones Gráficas "Manabí".

Narváez Ricaurte, L. (2009). Ecuador's constitutional reform process: lessons learned for political parties. En L. Beekman, *Writing Autobiographies of Nations: A Comparative Analysis of Constitutional*

Reform Processes (págs. 60-71). The Hague, The Netherlands: NIMD Knowledge Centre.

Narváez Ricaurte, L. (2016). La Doctrina Monroe: corolario para América Latina. *Campus Mundi N°32 y N°33*, N°32, 9-11 y N°33, 8-9.

Narváez Ricaurte, L. (2016). Repaso de la propuesta de la revolución ciudadana sobre la política exterior. *Novedades Jurídicas N°122*, 06-23.

Narváez Ricaurte, L. & Narváez Rivadeneira, L. (2009) *Pensamiento Político*. Quito, Ecuador: Editorial Corporación Editora Nacional

Narváez Rivadeneira, L. A. (1997). *Evangelio de un peregrino: retablo de Política Internacional*. Santo Domingo, República Dominicana: Editorial Quipus.

Nohlen, D. (1993). *Enciclopedia electoral latinoamericana y del Caribe*. San José, Costa Rica: Instituto Interamericano de Derechos Humanos.

Núñez, J. (2006). *Para entender al Ecuador: algunas claves de la realidad nacional*. Quito: Jorge Núñez Sánchez.

Núñez Sánchez, J. (5 de junio del 2014) *La Revolución Liberal*. En EcuadorUniversitario.com: http://ecuadoruniversitario.com/sin_categoria/la-revolucion-liberal/

Núñez, P. (2001). *Relaciones Internacionales del Ecuador en la fundación de la República*. Quito: UASB; Abya-Yala y Corporación Editora Nacional.

Observatorio Electoral (24 de Noviembre de 2016). *Elecciones Presidenciales del Ecuador 1992*. Obtenido de Observatorio Electoral: http://www.observatorioelectoral.org/informes/index/navegador.php?country=ecuador

Ojeda Segovia, L. (2000). *La Descentralización en el Ecuador: avatares de un proceso inconcluso.* Quito: Ediciones Abya-Yala.

Ortiz B., C. (2006). *Indios, militares e imaginarios de nación en el Ecuado del siglo XX.* Quito: FLACSO & Abya-Yala.

Ortíz de Zárate, R. (24 de Febrero de 2016). *Alfredo Palacio González.- Presidente de la República (2005-2007) y Vicepresidente (2003-2005).* Obtenido de Barcelona Centre for International Affairs (CIDOB): http://www.cidob.org/biografias_lideres_politicos/america_del_sur/ecuador/alfredo_palacio_gonzalez

Oyarte Martínez, R. (2007). La Asamblea Constituyente. En U. A. Bolivar, *FORO Revista de derecho N°7* (págs. 33-49). Quito: UASB-Ecuador / CEN.

Paladines, C. (1991). *Sentido y Trayectoria del pensamiento ecuatoriano.* México: Universidad Nacional Autónoma de México.

PanamPost. (27 de Mayo de 2016). *Correa busca privatizar tres hidroeléctricas por crisis en Ecuador.* Obtenido de Noticias y Análisis de las Américas: https://es.panampost.com/thabata-molina/2016/05/27/correa-busca-privatizar-tres-hidroelectricas-por-crisis-en-ecuador/

Paz y Miño Cepeda, J. (2002). *La revolución Juliana: nación, ejército y bancocracia.* Quito: Abya-Yala.

Paz y Miño Cepeda, J. (2004). *Deuda Histórica e Historia inmediata en América Latina.* Quito: Abya-Yala.

Paz y Miño Cepeda, J. (2011). Historia y Economía, Taller de Historia Económica. *La Economía Ecuatoriana en el Bicentenario del inicio del proceso de la Independencia* (págs. 1-10). Quito: Pontificia Universidad Católica del Ecuador, Facultad de Economía.

Peña y Gonzalo, L. (2014). *Antropónimos de mi amarga juventud*. Madrid, España: Publicaciones España Roja, Áurea y Púrpura.

Peña, F. (19 de Octubre de 2016). *¿Y después de Quito?: la Conferencia Económica Latinoamericana y sus resultados prácticos*. Obtenido de Félix Peña: http://www.felixpena.com.ar/index.php?contenido=wpapers&wpagno=do cumentos/1984-03-despues-quito-conferencia-economica-latam

Peñaherrera Padilla, B. (1991). *El Liberalismo en el Ecuador: de la gesta al porvenir*. Quito: Corporación Editora Nacional.

Pérez Pimentel, R. (2005). *Francisco X. Salazar Arboleda*. Recuperado el 20 de Septiembre de 2016, de Diccionario Bibliográfico Ecuador: http://www.diccionariobiograficoecuador.com/tomos/tomo11/s1.htm

Pérez Ramírez, G. (2008). *Del Vesubio al Cotopaxi: historia memorable*. Quito: Abya Yala & Academia Nacional de Historia del Ecuador.

Pesantes, A., & Cueva, F. (2007). *La Cacería del Zorro de Ibarra: 35 años de tradición hépica*. Quito: TRAMA.

Pino de Izaza, J., Carbo, P., Crespo Toral, R., Quevedo, B., Tobar Donoso, J., Borja, L., . . . Cordero y León, R. (1960). *Biblioteca Ecuatoriana Mínima: La Colonia y la República*. Puebla, México: Editorial J.M. Cajica Jr. S.A.

Ponce Enríquez, C. (1956). *Mensaje del Sr. Camilo Ponce Enríquez al asumir la Presidencia Constitucional de la República, para el período 1956-1960*. Quito: Talleres Gráficos Nacionales.

Prieto, M. (2004). *Liberalismo y temor: imaginando los sujetos indígenas en el Ecuador postcolonial, 1895-1950.* Quito: FLACSO & Abya-Yala.

Quintero López, R. (2005) *Electores contra partidos en un Sistema Político de mandos.*

Quito: Abya-Yala & ILDIS

Ramón Valareza, G., & Torres Dávila, V. (2004). *El desarrollo local en el Ecuador: historia, actores y métodos.* Quito: Abya-Yala.

Recalde, P. (2007). Elecciones presidenciales 2006: una aproximación a los actores del proceso. *ÍCONOS N°27*, 21.

Revista CNVR. (1941). Expansión colonial ecuatoriana en el Dorado Amazónico. *Revista del Colegio Nacional Vicente Rocafuerte, 53-54*, 145.

Reyes, O. E. (1950). *Breve Historia General del Ecuador.* Quito: Fray Jodoco Ricke.

Robalino Davila, L. (1950). Meditación de ayer y hoy. Los últimos cuatro años. En O. E. Reyes, *Breve Historia General del Ecuador* (pág. 221). Quito: Fray Jodoco Ricke.

Robalino Davila., L. (1968). *Orígenes del Ecuador de hoy: diez años de civilismo* (Vol. 6). Quito: J.M. Cajica Jr.

Rodas Chavez, G. (2000). *La izquierda ecuatoriana: aproximación histórica.* Quito: Abya-Yala.

Rodas Chaves, G. (2004). *Reflexiones.* Quito: Abya Yala.

Rodríguez Albán, M. C. (2015). *Cultura y Política en el Ecuador: Estudio sobre la creación de la Casa de la Cultura.* Quito: FLACSO

Romero Loaiza, F., & Brito Morán, F. (07 de Febrero de 1997). Congreso Nacional: Libro Auténtico de Legislación Ecuatoriana, Resolución I-97-65 R. *Declaratoria de incapacidad mental*. Quito, Pichincha, Ecuador: Registro Oficial No. 23, de 14 de marzo de 1997.

Salazar Manosalvas, O. E. (2010). *La Reforma Política y la Constitución de 1998*. Quito: FLACSO.

Salgado T., W. (2001). Dolarización y globalización: lecciones de la experiencia ecuatoriana. En S. Marconi R., *Macroeconomía y economía en dolarización* (págs. 83-100). Quito: Abya-Yala/UPS - ILDIS - UASB.

Salgado, M., & De La Torre, C. (2008). *Galo Plaza y su época*. Quito: FLASCO & Fundación Galo Plaza Lasso.

Salvador Lara, J. (1980). *La República del Ecuador y el general Juan José Flores*. Quito: Academia Nacional de Historia.

Sigcha, A. (21 de Septiembre de 2010). *Dahik debe pagar, impunidad nunca más*. Obtenido de Voltairenet.org: http://www.voltairenet.org/article167044.html

Silva Charvet, E. (2004). *Identidad Nacional y Poder*. Quito: Abya-Yala.

Sosa, C. A. (2015). *El ingreso de los pobres aumentó más*. Obtenido de Revista Líderes: http://www.revistalideres.ec/lideres/ingreso-pobres-aumento.html

SRI. (2013). *500 empresas: mayores contribuyentes... - Sociedades Privadas*. Obenido de Servicio de Rentas Internas: http://www.sri.gob.ec/DocumentosAlfrescoPortlet/descargar/3a2ac1ca-59f1-4617-b87e-2aa5c71fb7bb/RANKING+500+EMPRESAS+MAYORES+CONTRIBUYYENTES+Hoja1.pdf

Stornaiolo, U. (1999). *Ecuador: anatomía de un país en transición*. Quito: Ediciones Abya-Yala.

Suárez Fernández, L., & Hernández, M. (1989). *Historia General de España y América: reformismo y progreso en América (1840-1905)* (Vol. 15). Madrid, España: RIALP S.A.

Suárez Pasquel, L. (1984). *Odio y Sangre: la descalificación del Sr. Neptalí Bonifaz y la Batalla de los Cuatro Días en Quito*. Quito: Fray Jodoco Ricke.

Tartarini, J. (2005). *Arquitectura Ferroviaria*. Buenos Aires: Colhue.

Terán, E., Flores, A., & Swett, F. (1981). *La Deuda Externa del Ecuador*. Quito: Banco Central del Ecuador & Corporación Editora Nacional.

Troncoso, J. (1966). *Vida anecdótica del general Eloy Alfaro*. Quito: Editorial Santo Domingo.

TSE. (1989). *Eleccions y democracia en el Ecuador: los Partidos Políticos documentos básicos*. Quito: Tribunal Supremo Electoral & Corporación Editora Nacional.

TSE. (26 de Noviembre de 2006). *Resultados Oficiales Elecciones 2006: Segunda Vuelta*. Obtenido de Votación Nacional para Candidatos a Presidente y Vicepresidente: https://app.cne.gob.ec/Resultados2006_2v/

Tuaza C., L. (2010). Concepciones del Estado y demandas de las organizaciones campesinas e indégenas (1940-1960). En F. Burbano de Lara, *Transiciones y rupturas: el Ecuador en la segunda mitad del siglo XX* (págs. 465-513). Quito: FLASCO & Ministerio de Cultura.

USIP. (Abril de 1999). *Protocolo de Río de Janeiro 1942*. Obtenido de United States Institute of Peace, Internet Archive WayBackMachine: http://

web.archive.org/web/20090509161907/http://www.usip.org/pubs/
peaceworks/pwks27/appndx1_27.html

Valdano, J. (2007). *Identidad y formas de lo ecuatoriano.* Quito, Ecuador:
Eskeletra Editorial.

Vásconez Hurtado, G. (1981). El general Juan José Flores, primer Presidente
del Ecuador 1800-1830. En *Colección Básica de Escritores Ecuatorianos*
(pág. 214). Quito, Pichincha, Ecuador: Casa de la Cultura Ecuatoriana.

Vega Ugalde, S. (1991). *Ecuador: crisis política y estado en los inicios de la
República.* Quito: FLACSO.

Vela, A. (05 de Junio de 2005). Una reforma luego de 7 años. (Y. Pincay,
Entrevistador)

Velasco Ibarra, J. M. (1974). Resumen del discuros al recibir el mandato
(Quito, 31 de mayo de 1944). En J. M. Velasco Ibarra, & J. V. Espinosa
(Ed.), *Obras completas: Discursos* (Vol. XII A, págs. 27-32). Quito:
Editorial Santo Domingo.

Velasco Ibarra, J. M. (2014). Querida chusma. En J. Gomezjurado Zevallos,
Velasco Ibarra. Textos politicos (págs. 247-257). Quito: Secretaría Nacional
de Gestión de la Política.

Vellinga, M. (1993). *Democracia y política en América Latina.* México DF.,
México: Siglo XXI Editores.

Voionmaa, D. (2010). *Revoluciones que no fueron: ¿arte o política?* Santiago,
Chile: Editorial Cuarto Propio.

WikipediA (7 de abril de 2016) Referéndum de Ecuador de 1994. Obtenido de La Enciclopedia Libre: https://es.wikipedia.org/wiki/Refer%C3%A9ndum_de_Ecuador_de_1994#cite_note-1

Whitehead, L. (2012). Latin American Constitucionalism: historical development and distinctive traits. En D. Nolte, & A. Schilling-Vacaflor, *New Constitucionalism in Latin America: promises and practices* (pág. 123). New York, United States of America: Routledge Taylor & Francis Group.